BuddhAll

All is Buddha.

BuddhAll.

BuddhAll

BuddhAll

圓覺經

密意

整本《圓覺經》，

都是回答十一位菩薩之所問，

所答甚為深密，若不知其密意，

便會認為本經與其他經典所說不同，

由是疑為偽經。

Sutra of Perfect Enlightenment

談錫永　主編

邵頌雄　導讀

目　錄

總序

一　說密意

　　本叢書的目的在於表達一些佛家經論的密意。甚麼是密意？即是「意在言外」之意。一切經論都要用言說和文字來表達，這些言說和文字只是表達的工具，並不能如實表出佛陀說經、菩薩造論的真實意，讀者若僅依言說和文字來理解經論，所得的便只是一己的理解，必須在言說與文字之外，知其真實，才能通達經論。

　　《入楞伽經》有偈頌言——

　　　　由於其中有分別　名身句身與文身
　　　　凡愚於此成計著　猶如大象溺深泥[1]

　　這即是說若依名身、句身、文身來理解經論，便落於虛妄分別，由是失去經論的密意、失去佛與菩薩的真實說。所以在《大涅槃經》中，佛說「四依」（依法不依人、依義不依語、依智不依識、依了義不依不了義），都是依真實而不依虛妄分別，其中的「依義不依語」，正說明讀經論須依密意而非依言說文字作理解。佛將這一點看得很嚴重，在經中更有頌言——

1　依拙譯《入楞伽經梵本新譯》，第二品，頌172。台北：全佛文化，2005。下引同。

> 彼隨語言作分別　　即於法性作增益
> 以其有所增益故　　其人當墮入地獄[2]

這個頌便是告誡學佛的人不應依言說而誹謗密意，所以在經中便有如下一段經文——

> 世尊告言：大慧，三世如來應正等覺有兩種教法義（dharma-naya），是為言說教法（deśanā-naya）、自證建立教法（siddhānta-pratyavasthāna-naya）。
>
> 云何為言說教法之方便？大慧，隨順有情心及信解，為積集種種資糧而教導經典。云何為觀修者離心所見分別之自證教法？此為自證殊勝趣境，不墮一異、俱有、俱非；離心意意識；不落理量、不落言詮；此非墮入有無二邊之外道二乘由識觀可得嚐其法味。如是我說為自證。[3]

由此可知佛的密意，即是由佛內自證所建立的教法，只不過用言說來表達而已。如來藏即是同樣的建立，如來法身不可思議、不可見聞，由是用分別心所能認知的，便只是如來法身上隨緣自顯現的識境。所以，如來法身等同自證建立教法，顯現出來的識境等同言說教法，能認知經論的密意，即如認知如來法身，若唯落於言說，那便是用「識觀」來作分別，那便是對法性作增益，增益一些識境的名言句義於法性上，那便是對佛密意的誹謗、對法性的損害。

這樣，我們便知道理解佛家經論密意的重要，若依文解字，便是將識境的虛妄分別，加於無分別的佛內自證智境上，

2　同上，第三品，頌 34。
3　同上，第三品，頁 151。

將智境增益名言句義而成分別，所以佛才會將依言說作分別看得這麼嚴重。

二　智識雙運

由上所說，我們讀經論的態度便是不落名言而知其密意，在這裡強調的是不落名言，而不是摒除名言，因為若將所有名言都去除，那便等於不讀經論。根據言說而不落言說，由是悟入經論的密意，那便是如來藏的智識雙運，亦即是文殊師利菩薩所傳的不二法門。

我們簡單一點來說智識雙運。

佛內自證智境界，名為如來法身。這裡雖說為「身」，其實只是一個境界，並非有如識境將身看成是個體。這個境界，是佛內自證的智境，所以用識境的概念根本無法認知，因此才不可見、不可聞，在《金剛經》中有偈頌說 ──

　　若以色見我　以音聲求我
　　是人行邪道　不能見如來

色與音聲都是識境中的顯現，若以此求見如來的法身、求見如來的佛內智境，那便是將如來的智境增益名言，是故稱為邪道。

如來法身不可見，因為遍離識境。所以說如來法身唯藉依於法身的識境而成顯現，這即是依於智識雙運而成顯現。經論的密意有如如來法身，不成顯現，唯藉依於密意的言說而成顯現，這亦是依於智識雙運而成顯現。如果唯落於言說，那便有如「以色見我，以音聲求我」，當然不能見到智境，不能見

到經論的密意。不遣除言說而見密意，那便是由智識雙運而見，這在《金剛經》中亦有一頌言（義淨譯）——

> 應觀佛法性　即導師法身
> 法性非所識　故彼不能了

是即不離法性以見如來法身（導師法身），若唯落識境（言說），即便不能了知法性。所謂不離法性而見，便即是由智識雙運的境界而見，這亦即是不二法門的密意，雜染的法與清淨的法性不二，是即於智識雙運的境界中法與法性不二。

然而，智識雙運的境界，亦即是如來藏的境界，筆者常將此境界比喻為螢光屏及屏上的影像，螢光屏比喻為如來法身，即是智境；法身上有識境隨緣自顯現，可比喻為螢光屏上的影像，即是識境。我們看螢光屏上的影像時，若知有螢光屏的存在，那便知道識境不離智境而成顯現（影像不離螢光屏而成顯現），因此無須離開影像來見螢光屏（無須離開言說來見密意），只須知道螢光屏唯藉影像而成顯現（密意唯藉言說而成顯現），那便可以認識螢光屏（認識經論的密意）。這便即是「應觀佛法性，即導師法身」，也即是「四依」中的「依義不依語」、「依智不依識」、「依了義不依不了義」。

簡單一點來說，這便即是「言說與密意雙運」，因此若不識如來藏，不知智識雙運，那便不知經論的密意。

三　略說如來藏

欲知佛的密意須識如來藏，佛的密意其實亦說為如來藏。支那內學院的學者呂澂先生，在〈入楞伽經講記〉中說
——

> 此經待問而說，開演自證心地法門，即就眾生與佛
> 共同心地為言也。

> 自證者，謂此心地乃佛親切契合而後說，非臆測推
> 想之言。所以說此法門者，乃佛立教之本源，眾生
> 入道之依處。[4]

由此可見他實知《入楞伽經》的密意。其後更說——

> 四門所入，歸於一趣，即如來藏。佛學而與佛無
> 關，何貴此學，故四門所趣必至於如來藏，此義極
> 為重要。[5]

所謂「四門」，即《入楞伽經》所說的「八識」、「五
法」、「三自性」及「二無我」，呂澂認為這四門必須歸趣入
如來藏，否則即非佛學，因此他說——

> 如來藏義，非楞伽獨倡，自佛說法以來，無處不
> 說，無經不載，但以異門立說，所謂空、無生、無
> 二、以及無自性相，如是等名，與如來藏義原無差
> 別。[6]

佛說法無處不說如來藏、無經不載如來藏，那便是一切
經的密意、依內自證智而說的密意；由種種法異門來說，如說
空、無生等，那便是言說教法，由是所說四門實以如來藏為密
意，四門只是言說。

呂澂如是說四門——

4　《呂澂佛學論著選集》卷二，頁 1217，齊魯書社，1991。下引同。

5　同上，頁 1261。

6　同上。

前之四法門亦皆說如來藏，何以言之？八識歸於無
生，五法極至無二，三性歸於無性，二空歸於空
性，是皆以異門說如來藏也。

這樣，四門實在已經包括一切經論，由是可知無論經論
由那一門來立說，都不脫離如來藏的範限。現在且一說如來藏
的大意。

認識如來藏，可以分成次第──

一、將阿賴耶識定義為雜染的心性，將如來藏定義
為清淨的心性，這樣來理解便十分簡單，可以
說心受雜染即成阿賴耶識，心識清淨即成如來
藏心。

二、深一層次來認識，便可以說心性本來光明清
淨，由於受客塵所染，由是成為虛妄分別心，
這本淨而受染的心性，便即是如來藏藏識。本
來清淨光明的心性，可以稱為如來藏智境，亦
可以稱為佛性。

三、如來藏智境實在是一切諸佛內自證智境界，施
設名言為如來法身。如來法身不可見，唯藉識
境而成顯現。這樣，藉識境而成顯現的佛內自
證智境便名為如來藏。

關於第三個次第的認識，可以詳說──

如來法身唯藉識境而成顯現，這個說法，還有密意。一
切情器世間，實在不能脫離智境而顯現，因為他們都要依賴如
來法身的功能，這功能說為如來法身功德。所以正確地說，應

該說為：如來法身上有識境隨緣自顯現。當這樣說時，便已經有兩重密意：一、如來法身有如來法身功德；二、識境雖有如來法身功德令其得以顯現，可是還要「隨緣」，亦即是隨著因緣而成顯現，此顯現既為識境，所依處則為如來法身智境，兩種境界雙運，便可以稱為「智識雙運界」。

甚麼是「雙運」？這可以比喻為手，手有手背與手掌，二者不相同，可是卻不能異離，在名言上，即說二者為「不一不異」，他們的狀態便稱為雙運。

如來法身智境上有識境隨緣自顯現，智境與識境二者不相同，可是亦不能異離，沒有一個識境可以離如來法身功德而成立，所以，便不能離如來法身而成立，因此便說為二者雙運，這即是智識雙運。

如來法身到底有甚麼功能令識境成立呢？第一、是具足周遍一切界的生機，若無生機，沒有識境可以生起，這便稱為「現分」；第二、是令一切顯現能有差別，兩個人，絕不相同，兩株樹，亦可以令人分別出來。識境具有如是差別，便是如來法身的功能，稱為「明分」，所謂「明」，即是能令人了別，了了分明。

智境有這樣的功能，識境亦有它自己的功能，那便是「隨緣」。「隨緣」的意思是依隨著緣起而成顯現。這裡所說的緣起，不是一般所說的「因緣和合」。今人說「因緣和合」，只是說一間房屋由磚瓦木石砌成；一隻茶杯由泥土瓷釉經工人燒製而成，如是等等。這裡說的是甚深緣起，名為「相礙緣起」，相礙便是條件與局限，一切事物成立，都要適應相礙，例如我們這個世間，呼吸的空氣，自然界的風雷雨電，如是等等都要適應。尤其是對時空的適應，我們是三度空間的生命，所以

我們必須成為立體，然後才能夠在這世間顯現。這重緣起，說為甚深秘密，輕易不肯宣說，因為在古時候一般人很難瞭解，不過對現代人來說，這緣起便不應該是甚麼秘密了。

這樣來認識如來藏，便同時認識了智識雙運界，二者可以說為同義。於說智識雙運時，其實已經表達了文殊師利法門的「不二」。

四　結語

上來已經簡略說明密意、智識雙運與如來藏，同時亦據呂澂先生的觀點，說明「無經不載如來藏」，因此凡不是正面說如來藏的經論，都有如來藏為密意。也即是說，經論可以用法異門為言說來表達，但所表達的密意唯是如來藏（亦可以說為唯是不二法門），因此我們在讀佛典時，便應該透過法異門言說，來理解如來藏這個密意。

例如說空性，怎樣才是空性的究竟呢？如果認識如來藏，就可以這樣理解：一切識境實在以如來法身為基，藉此基上的功能而隨緣自顯現，顯現為「有」，是即說為「緣起」，緣起的意思是依緣生起，所以成為有而不是成為空。那麼，為甚麼又說「性空」呢？那是依如來法身基而說為空，因為釋迦將如來法身說為空性，比喻為虛空，還特別聲明，如來法身只能用虛空作為比喻，其餘比喻都是邪說，這樣一來，如來法身基（名為「本始基」）便是空性基，因此在其上顯現的一切識境，便只能是空性。此如以水為基的月影，只能是水性；以鏡為基的鏡影，只能是鏡性。能這樣理解性空，即是依如來藏密意而成究竟。

　　以此為例，即知凡說法異門實都歸趣如來藏，若不依如來藏來理解，便失去密意。因此，本叢書即依如來藏來解釋一些經論，令讀者知經論的密意。這樣來解釋經論，可以說是一個嘗試，因為這等於是用離言來解釋言說，實在並不容易。這嘗試未必成功，希望讀者能給予寶貴意見，以便改進。

談錫永

2011年5月19日七十七歲生日

前言

前 言

一、略說《圓覺經》

有讀者反映,《離言叢書》以及筆者在網上的專欄所說甚深,讀者很難理解。這應該是實情,筆者寫書本有次第,如果依次第來讀,而不是隨意抽出其中一本來讀,那就很容易明白書中之所說,因為是按次第來理解如來藏(包含深般若波羅蜜多、不二法門、大圓滿道等),倘若隨意而讀,那便只能理解到如來藏等法門的片斷。要解決這個困難,便須要為讀者提供一個廣泛的基礎。筆者次第說如來藏,是依藏傳了義大中觀的基、道、果來說,在此三者的法義中,頗有一些說為「甚深秘密」,這其實就是如來藏基、道、果的密意。讀者若對如來藏沒有一個廣泛的認知,只依文字言說而讀,一定讀不出這些密意,否則便不叫做「甚深秘密」了。

這套叢書,每本只給出該書所說的密意,至於引入其餘的密意,那便非要讀到與其相關的書籍不可。這或者是本叢書的缺點。現在為了補救,筆者經思量後,覺得不如用《圓覺經》來作一個廣泛的表達,因為《圓覺經》中實在已有了義大中觀的基、道、果密意。

所謂「圓覺」,即是成佛所現證的本覺。本覺覺到甚麼?覺到一個境界,用凡夫的言說來說,可以說為「覺受」到一個境界,但這樣說時,便有能所,所以我們在日常生活中,便有能覺所覺。例如,我們見到一個人,覺得他優雅,

或者粗鄙，這優雅或粗鄙便是所覺的境界。凡有能所一定落於分別，所以才會分別為優雅與粗鄙。

　　對佛來說，雖然依然要用「覺」這個名言，但卻不能說為「覺受」，因為凡有「所受」，必有能所，有能受的人，有所受的境界。佛則不同，離能所而現證，離能所而覺，所以說為「阿耨多羅三藐三菩提」（anuttara-samyak-saṃbodhi），古代譯為「無上正遍知」，後來改譯為「無上正等正覺」。在本經中即將此稱為「圓覺」（不是譯為「圓覺」，而是用「圓覺」這個名詞，替代「無上正等正覺」）。稱之為「圓」，是強調佛現證的境界圓滿。「無上」、「正等」、「正」三者俱足，是即圓滿。

　　圓覺是佛的證智，為了強調證智，古代譯師便將「阿耨多羅三藐三菩提」譯為「無上正等正覺心」，即是將 bodhi 譯為「覺心」。這是為了強調「心智」。覺心的境界即是佛內自證智境界，這境界施設名為「如來法身」、施設名為「如來藏」、施設名為「樂空不二」、施設名為「大圓滿」、施設名為「大手印」、施設名為「深般若波羅蜜多」、施設名為「不二法門」等。

　　是故「圓覺」一名，便包括了基、道、果三者。基是見地，說為樂空不二；道是觀修之所依，說為大圓滿或大手印；果是究竟觀修之所證，說為如來藏，或說為不二法門，深般若波羅蜜多等。本經之所說，包括此三者。

二、關於《圓覺經》真偽

　　《圓覺經》在漢傳佛教中是一本很重要的經典，首先

推廣這本經的人，就是身兼禪宗與華嚴宗祖師的圭峯宗密，由他在兩宗推廣，兼且將華嚴教義引入禪宗，又將禪宗心性引入華嚴，因此便影響到研究心性與佛性的天台宗，隨即又對淨土宗發生影響，所以這本經的地位，在漢土便高如須彌山。

可是在日本鎌倉時代（十三世紀），曹洞宗的始創人道元禪師（1200-1253）卻對本經及《楞嚴經》質疑，認為是偽經，甚至說有外道思想。他的說法在日本並不受到重視，近代有些學者將道元的質疑再行提出，於是始引發了《楞嚴》與《圓覺》真偽的研究。

同意道元質疑的人，說《圓覺》為偽經，更提出兩點理由：一、本經不見於早期譯經紀錄；二、本經譯者可疑。他們以此為佐證，企圖證實道元的說法。

關於道元的質疑，筆者曾有長文回答一位讀者的詢問，在本書中收為附錄，讀者若對此質疑有興趣，可以閱讀此文，便當知道道元的誤解，此處不贅。

至於說不見於經錄，並不足以推翻本經的真實性，因為有些譯經亦同樣不見於經錄，而且本經並非「奉詔譯」的官譯，只是私譯，私譯不入經錄並不奇怪。所以，後代智昇的《續古今譯經圖記》便替本經辯護，他說：「沙門佛陀多羅（Buddhatrāta），唐云覺救，北印度罽賓人也，於東都白馬寺，譯《大方廣圓覺修多羅了義經》一卷，此經近出，不委何年。且弘道為懷，務甄詐妄，但真詮不謬，豈假具知年月耶？」那便是說，譯出的年份雖無根據，只由本經的內容真實，沒有半點詐妄，就可以對本經作出肯定。

　　但談到譯者，雖然從來沒有人指出佛陀多羅的來歷，他來漢地後的言行亦無半字紀錄，好像是從天上掉下來，只能說他在白馬寺譯經後，又返回天竺去。所有曾在漢地譯經的譯師都無此情形，因此可疑。這一點，亦從來沒人解釋。所以近代學者呂澂才會依日人的說法認為本經是漢土高僧所作，並非由印度傳來。但是我們對呂澂的看法，亦未能盡信，因為當年支那內學院否定的經論有九十餘本之多，連《楞嚴經》都給他們看成有「百偽」，那是僅依文字言說，不依內容來否定，這就忽略了譯經筆受者對譯文的影響，未為公平。

　　持平之說，筆者覺得應該像智昇那樣，由經的內容來判別真偽，而不是由具體的翻譯年代紀錄來判別。譯人的可疑可以研究，但亦不能單憑他沒有生平紀錄，便否定他的存在。在流傳的佛經中，往往有些「缺譯」的經典，連譯人的名字都失缺，然則難道這些統統都是偽經。關於本經真偽問題，筆者弟子邵頌雄教授，已於本書導論中提出一些說法。

　　筆者正是用智昇的態度來接受《圓覺經》，由內容來判別真偽，因為本經與大中觀見相應、與如來藏相應、與不二法門相應，甚至與深般若波羅蜜多相應，是即不宜疑之為偽。退一步來說，即使作偽，亦可參考呂澂的說法，知作偽者亦必為精通瑜伽行中觀，持大中觀見的大修行者，那我們便不妨把這本經當成是一篇論來讀，依然可以受益，因為通說如來藏基、道、果的經論實在不多，假如將之捨棄，對理解佛家究竟基、道、果將會是很大的損失，亦可以說，否定了本經便否定了佛家境、行、果的體系。

三、《圓覺經》說甚麼？

　　《圓覺經》受到華嚴宗與禪宗的重視，在古代，這本經可以說是該兩宗的根本經典，那麼，這本經究竟說甚麼法義，以致受到這兩大宗派的推崇。如果要簡單了解本經法義，筆者覺得可以由本經的五個經題來理解。

　　釋迦在本經中親口說出五個經題——

　　　　　1、大方廣圓覺陀羅尼

　　　　　2、修多羅了義

　　　　　3、秘密王三昧

　　　　　4、如來決定境界

　　　　　5、如來藏自性差別

　　現在就此五個經題略作解說。

　　1、大方廣圓覺陀羅尼，「大方廣」（maha-vaipulya）是一個法門，包含小乘、菩薩乘、佛乘的系列教法，而以佛乘（一乘）教法統攝，所以稱之為「大」。在佛乘教法中，演說法身、法智、法界，此三者同一境界而無異，此境界亦即是如來的內自證智境界，建立為法身、法界，所以說身、智、界三無分別。法身、法智、法界其大無礙，所以亦稱為「大」。「方」是「正」的意思，說一乘實相，能依之觀修而起正覺，是以為「正」。「廣」是說如來法身的周遍、如來法身功德的周遍，周遍法界無處不在，這便是「廣」。本經具大、方、廣的功德，並依此功德而說圓覺，這便是本經的主旨。稱為陀羅尼，意思是「總持」圓覺教法。此經名與基續相應。

2、修多羅了義，依漢語句法，其實應該譯為「了義修多羅」，「修多羅」（sūtra）意思是經，所以「了義修多羅」便即是了義經。釋迦說法有了義有不了義，不了義是依言說來說，了義則依言說以外的密意來說，本經既為了義經，所以便應該離開言說來理解密意。例如，「圓覺」可以理解為圓滿的正覺、圓滿的本覺，但其密意則是指示如來藏。倘若依言取義，讀經時只求理解「圓覺」，簡單說之為「圓滿覺」，而不知由言說來理解如來藏，那便失去密意，這是讀本經時須要注要的事。此經名亦與基續相應。

3、秘密王三昧，三昧（三摩地，samādhi）即是「定」，亦名「等持」，本經所說是修「秘密定」，而且所說至高無上，所以稱為「王」。也即是說「秘密王三昧」其實是「秘密三昧王」。甚麼是「秘密定」（秘密三昧）呢？凡觀修法界，都稱為甚深秘密，因為此觀修遠離識境，進入智境，也可以說是脫離世間，進入出世間的境界。甯瑪派有一個《秘密藏心髓》的教法，所修的便亦是現觀法界。本經說觀修道時，完全是說秘密定的觀修。此經名與道續相應。

4、如來決定境界，簡單來說，「不變」便是決定（亦可說為不動、無變異），所以「如來決定境界」，便即是「如來無變異境界」，本經說法界即是說如來法身，也即是說佛內自證智，因為法身、法智、法界三者無分別，這無分別，釋迦在很多經典中都有詳說，眾生成佛，亦必須現證身、智、界三無分別才能圓成，所以說此三者及說三無分別，便是本經的主要內容。還有一點很重要，現在一說到如來法身，很多人便認為可以建立為「本體」，而不知道如來法身其實只是佛內自證智境界。既錯誤地建立為「本體」，那便

有空與不空的問題、如來法身實有非實有的問題，因此便將如來法身、法智、法界的教法，視為「非佛說」。在他們心目中，華嚴、天台、禪宗、密宗都應該打倒（日本道元禪師所提倡的「默照禪定」，其實亦有這重意味），這便是末法時代的現象。學人「依人不依法」，所以這種邪見便由於「依人」而相當流行。本經當然亦在打倒範圍之內。至於本經說為「如來決定境界」，實在是說由證道而起覺，所以亦與道續相應。

5、如來藏自性差別，最後，佛終於提到「如來藏」這個名相，說本經是演譯如來藏自性，這便有歸結本經的意味。簡單來說，如來藏是如來法身的境界，亦即是佛內自證智境界，在這境界上，恆常有識境（世間）隨緣自顯現。如來證智的智境與心識境界（世間）雙運（智境與識境雙運、勝義菩提心與世俗菩提心雙運），那便是如來藏。所以如來藏實在只是一個境界，也可以說，即是經名所說的「如來決定境界」，本經顯示如來藏的自性（其實應該說是「本性」或「體性」）。華嚴宗的如來藏緣起與法界緣起，都與本經的說法相通，互不相違。此經名與果續相應。

以上僅根據經題來說本經之所說，其詳，將於下文討論。

四、十一位菩薩問佛 ──《圓覺經》的基本內容

整本《圓覺經》，只是釋尊回答十一位菩薩關於觀修之所問，首先是文殊師利菩薩，他由「因地」起問，其次是十位菩薩依着觀修來問，所以可說文殊所問是基本見地，其餘十菩薩則問修行。《圓覺經》雖然只說觀修，但由釋迦之所答，卻

可以看到是關於「圓覺」的見、修、行、果。最後是一位菩薩問流通分種種。如是三種問，可視為問基、問道、問果。

　　現在簡單地說文殊一問，十菩薩十問的主題，於問流通分，隨文易知，此處不贅。

　　文殊師利問是「如來本起清淨因地法行」。關於「因地」，有些解釋，說是指釋迦由凡夫起修時的心，名之為「因地心」。這說法不究竟，問者根本不理解何謂「因地修」，所以便淺化了文殊之所問。文殊所問既是「清淨因地法行」，若凡夫初起心時，不可能有「本起清淨因地」，而且「法行」是依因地所作的觀修行，凡夫初發心的心，絕不可能成為觀修見地的指引，否則便不須要經、續、口訣的教授。所以這裏之所謂「本起清淨因地」，應該是指如來藏，若依華嚴宗則指的應是法界。如來藏或法界即是觀修的「因地」，說為「本起清淨」，便是法界或如來藏，無始以來本初清淨，以此觀修，才能次第而證圓覺。至於說「因地修」，即是依因地的見為基，以此作抉擇與決定，由是修道而得現證與因地相應的果。

　　本經的主題是如何現證圓覺，圓覺即是佛之所證的圓滿正覺，《華嚴經》說由法界起修，依佛性為理，所以沒有用如來藏來說觀修圓覺，但其實佛亦說全經即說如來藏，因為在說本經五個經題時，即有「如來藏決定境界」及「如來藏自性差別」之名。

　　關於法界與如來藏，華嚴宗認為，法界在躔則為如來藏，他們的「如來藏緣起」即依此而建立，更高一層緣起，便建立為「法界緣起」，所以二者同而不同。這種看法，跟甯瑪派所傳的了義大中觀見有異，此問題留後再說。現在，

筆者只想指出「本起清淨因地」，將之視為如來藏，那就比較容易了解，因為用如來藏的「智識雙運境界」來解說，比較容易明白。所以文殊所問便可以將之看成是問「怎樣觀修如來藏」。

現在分別說十位菩薩問緣覺觀行。

第一位問觀修是普賢菩薩，他問：「圓覺清淨境界如何修行？」因為已知是依如來藏而觀修，那便當然應該問怎樣觀修才能現證如來藏境界。

第二位普眼菩薩，他有兩個問題，先問菩薩修圓覺應如何思維、如何住持；再問如何令眾生開悟、令修圓覺。

第三位金剛藏菩薩，承普眼菩薩之問，質疑眾生可以成佛，共作三問：一問，若諸眾生本來成佛，何故復有一切無明？二問，若眾生無明本有，何以說本來成佛？三問，十方異生本來成佛，卻起無明，是則如來何時復生一切煩惱而起無明？

對這問題可多說一些題外話。日本道元禪師求法，即是由這些問題引發。因為師門只對他說，身心脫落即是禪法，所以他不認為《圓覺經》所說的種種法門是禪法，由是才疑此為偽經。

金剛藏菩薩這三個質疑，是為了讓佛澄清「一切眾生本來成佛」的說法，這說法是圓覺的根本，倘不先行弄清，便影響本經的主題。

第四位彌勒菩薩，他先問，菩薩與眾生如何斷輪迴根本。復承此問，提出餘下三問，今略，不說。

　　第五位清淨慧菩薩，他問眾生、菩薩、佛之證覺有何差別。這正是關於如來藏的問題，彌勒於細說如來藏的《寶性論》中，對此問題即已詳說，今清淨慧承彌勒之問而問圓覺之覺，即是問如來藏之覺，這即是問依「因地修」的因地。

　　第六位威德自在菩薩，依「因地修」請佛宣說觀修圓覺的方便與次第，由此更問及觀修圓覺的人有幾種。這便是問及「種姓」的問題。在種姓問題中，一闡提能否成佛，是一個有諍論的問題，釋迦的說法亦不一致，現在提出這個問題，依然是想澄清眾生皆有佛性、眾生本來成佛的說法。

　　第七位辯音菩薩，他問一切菩薩於圓覺門有幾多種修習。這問題，是承釋迦答威德自在菩薩時所說而問，釋迦答有三種觀修，那麼這三種觀修可以構成多少種修習。例如三種各各單修、三種中各各成對而修、三種通修等等。

　　第八位淨諸業障菩薩，他問及一個重要的決定見，眾生覺心本來清淨，因何會污染而令眾生不得悟覺，於此觀修的行者須作決定。

　　第九位普覺菩薩，他問末法時代的眾生，如何才能不墮邪見，為此他作五問。這些問題主要是防止末法時代的眾生誹謗圓覺、誹謗佛性、誹謗如來藏、誹謗法界緣起。不幸，由近代開始，這些誹謗都紛紛出現，所以，華嚴宗、天台宗、禪宗、密宗，甚至淨土宗都受到攻擊，其中天台宗受攻擊最重，說他欺盡天下人。

　　第十位圓覺菩薩，他問，若佛滅後，眾生為修圓覺清淨境界，應如何安居（結道場）。又，釋迦所說三觀，到底以何為首。

　　整本《圓覺經》，都是回答文殊菩薩與這十位菩薩之所問，所答甚為深密，若不知其密意，便會認為本經與其他經典所說不同，例如日本便有人以此來質疑《圓覺經》的真偽，亦有人以此來懷疑華嚴宗。筆者希望讀者能先理解這些問題，然後才讀本經。

導論：依「境、行、果」談《圓覺經》

導論：依「境、行、果」
談《圓覺經》

邵頌雄

　　《圓覺經》於近世被視為「偽經」，既有認為是宗密所造，亦有將之與《起信》、《楞嚴》歸為義理相連的偽典。就前者而言，便有胡適先生提出的「現在佛教中，還有一部《圓覺經》。這部經大概是偽造品，是宗密自己作的。……這只有一卷的《經》，他卻作了很多的註解，叫做《圓覺經大疏鈔》。」[1] 至於後者，則有呂澂先生所言：「《圓覺經》本是由《起信論》經《楞嚴經》發展出來的。……它們的議論基本上一樣，只不過《起信》還是一種論，現在以經的形式出現顯得更有權威感而已。」[2] 於西方學術界，視《圓覺》為偽經，亦幾成定論。此如麥馬士打大學（McMaster University）的 James Benn 教授，便認為《圓覺》實為《楞嚴》的「摘要」（précis）。[3]

　　對於《圓覺》真偽的懷疑，其中一個原因，在於唯一「漢譯本」的譯者佛陀多羅（Buddhatrāta 覺教），從來不見

1　胡適著《胡適講演集》上冊〈禪宗史的一個新看法〉（台北:胡適紀念館，1970年）。

2　呂澂著《中國佛學源流略講》（台北:里仁書局，民74年1月），頁203。

3　James Benn, "Another Look at the Pseudo-Śūraṃgama sūtra," *Harvard Journal of Asiatic Studies*, Vol. 68, No. 1 (June, 2008), p. 63: "One might regard the *Sūtra of Perfect Enlightenment*, which has only one fascicle, as opposed to the *Śūraṃgama's* ten, as a précis of the essential points of the *Śūraṃgama*."

經傳[4]，而最早紀錄《圓覺經》翻譯過程的智昇，則於《開元釋教錄》（編於西元 730 年）云：

> 《大方廣圓覺修多羅了義經》一卷。… 沙門佛陀多羅，唐云「覺教」，北印度罽賓人也，於東都白馬寺譯《圓覺了義經》一部。此經近出，不委何年。且弘道為懷，務甄詐妄。但真詮不謬，豈假具知年月耶？

此紀錄有關譯主生平的資料缺虞，雖對經文內容並無異議，卻於譯出年份語帶懷疑。另外，此經並無梵本存世，而宗密訪尋收集到的《圓覺》經疏，包括報國寺惟慤法師、先天寺悟實禪師、薦福寺堅志法師、藏海寺道詮法師等四位所造的注疏，皆未有流通後世，僅宗密一人所見所言。[5]

後出的目錄，則對《圓覺》翻譯之時有兩種說法，一為道詮法師的《圓覺》疏，謂於唐武則天長壽二年（693）譯出，其二則為《佛祖統紀》所載，謂於唐高宗永徽六年（665）譯出。而且，較《圓覺》後出的經錄，如《大周刊定眾經目錄》（695）、《開元釋教錄》（730）、《貞元新定釋教目錄》（800）等，都未有收入此經，甚至連當中的「疑惑錄」也未載，而宗密弘揚《圓覺》之時，則比這些經錄為晚。如

4　後出的《宋高僧傳》（成於988年）則有〈唐洛京白馬寺覺救傳〉：「釋佛陀多羅，華言覺救，北天竺罽賓人也。齎多羅夾誓化支那，止洛陽白馬寺，譯出〈大方廣圓覺了義經〉。此經近譯不委何年，且隆道為懷，務甄詐妄，但真詮不謬，豈假具知年月耶？救之行迹莫究其終」。

5　參清遠《圓覺疏鈔隨文要解》（《續藏經》no. 250）所言：「此經之疏，凡有五家：一上都報國寺惟慤法師疏一卷；二先天寺悟實禪師疏二卷；三北都海藏寺道詮法師疏三卷；四大唐薦福寺堅志法師疏四卷；五圭峰定慧禪師廣疏三卷鈔十三卷；略疏二卷；略鈔六卷；道場修證儀一十八卷。前諸疏解繁略未削有乖經宗，世無傳耳。」

上所說，都是後世懷疑《圓覺》為宗密偽造的理據。例如日本學者望月信亨，便把《圓覺經》列入疑經類別。[6]

近代學術界「疑古為尚」的風氣，令「《圓覺》為偽經」之說，鮮見具說服力的反駁論文。南京大學中美文化研究中心哲學系楊維中教授的〈《圓覺經》的真偽之爭新辨〉一文，卻細考文獻，提出《圓覺經》翻譯自「民間譯場」，譯後未有履行向朝廷申報入藏，故流傳不廣；而楊教授根據《譯經圖記》等書，考證翻譯《圓覺》時負責「證義」的大德，極有可能是唐高宗與武則天任命的「譯經大德」復禮。楊教授考據《開元釋教錄》、《續古今譯經圖記》等記載，查出於唐長壽二年（693）至證聖元年（695）三年間舉行的寶思惟譯場、慧智譯場、菩提流志譯場，復禮都無參與，但於此前的日照譯場（680-689）、提雲般若譯場（689-691），以及此後的實叉難陀譯場（695-700）、義淨譯場（700-711）等，復禮都恭身參與其事。由此或可作為道詮法師疏文提到此經翻譯的「證義大德是京兆皇甫氏范氏沙門復禮、懷素」一語的助證。[7]此文章乃少數依扎實的文獻和歷史考據為基礎，論證《圓覺》非偽經，具參考價值。[8]

本文試從佛家修持體系的角度，闡釋《圓覺》不可能為漢土偽造。

6　望月信亨，《仏教経典成立史論》，京都：法藏館，1946 年。

7　見宗密《圓覺經大疏釋義鈔》卷四所引：「曾見有處說，長壽年是則天之代，然今亦未委其指的也。待更尋檢。疏具如別錄者，復不知是何圖錄，悉待尋勘。有釋云：證義大德，是京兆皇甫氏范氏沙門復禮懷素。又指度語筆授云：在白馬寺譯經圖記。此等悉難信用，謂證義筆授等，何得半在此記半在彼圖，乍可不知，不得妄生異說。」

8　楊維中，〈《圓覺經》的真偽之爭新辨〉，《西北大學學報》（哲學社會科學版），Vol. 46，No. 3（2016）。

　　印度佛家體系，注重「境、行、果」（sthāna-carya-phala）的完整建立[9]。「境」者，為行者觀察的境界和佛家見地；「行」者，乃依「境」所作的修行；「果」者，指由修行所得的現證果。三者環環相扣，令整個佛家傳統為「有說、有修、有證」的修持系統。《圓覺經》內容通過十一問答，將佛家大乘的「境、行、果」貫連。如此架構，明顯非為遷就中國文化而造，跟其他已確定為「偽經」的典籍，如《父母恩重難報經》、《安宅神咒經》之類，亦大為不同。

　　《圓覺》一經所攝的「境、行、果」，悉環繞「如來藏」法門而建立。

　　難者或認為《圓覺》乃「偽經」的其中一個論據，是本經經題「大方廣圓覺修多羅了義經」不合梵語，以「修多羅」（sūtra）即「經」故。然漢譯佛典多有由譯師另擬經題的傳統，如此經題，或可理解為佛陀多羅因經中提到「是經名大方廣圓覺陀羅尼，亦名修多羅了義，亦名祕密王三昧，亦名如來決定境界，亦名如來藏自性差別」，而取其一義而定，卻未為意末尾加上「經」字即語意重覆。但即使如此，疑此為偽經者，亦提出漢譯佛典中從來不見「圓覺」一詞，甚至連其梵文亦難以還原。對此，我們且看經中所說之「圓覺」為何[10]：

> 善男子，無上法王有大陀羅尼門，名為圓覺，流出一切清淨真如、菩提、涅槃及波羅密，教授菩薩。一切如來本起因地，皆依圓照清淨覺相，永斷無明，方成佛道。

9　境、行、果，此三者是依經文的結構體系而建立，若依藏傳佛教據觀修建立的「道名言」，便說為「基、道、果」。

10　本論引用《圓覺經》段落，悉依《大正藏》所收《大方廣圓覺修多羅了義經》（Vol. 17，No. 842）。

復言：

> 善男子，是經唯顯如來境界，唯佛如來能盡宣說。
> 若諸菩薩及末世眾生，依此修行漸次增進至於佛
> 地。……
>
> 善男子，但諸聲聞所圓境界，身心語言皆悉斷滅，
> 終不能至彼之親證所現涅槃，何況能以有思惟心測
> 度如來圓覺境界。

由是，經中多次提到，所謂「圓覺」者，實為如來證覺
境界，由此「如來圓覺境界」，乃「流出一切清淨真如、菩
提、涅槃及波羅密」。然而，對於何者為「圓」，漢土傳統
的解讀，多以「圓通」、「圓融」、「周圓」等作釋，所據不
離天台智者大師「藏、通、別、圓」四教及後來法藏法師
「小、始、終、頓、圓」五教等判教對「圓」的建立。於英
語佛學著作，不少對「圓教」之「圓」，都乾脆翻譯成
「round」或「complete」。然而，「圓覺」之「圓」，其實為
「圓滿」或「perfection」的意思，也就是「波羅蜜多」
（pāramitā）之意。漢藏兩地，習慣把「波羅蜜多」理解為
「到彼岸」，而二者之中以「圓滿」義較合此語於印度佛典
中的原意。[11]

由此推論，若依「境、道、果」分說「圓覺」的話，可
作下來解說：

從「境」而言，「圓覺」之體性具如上說，為如來圓滿
之覺性境界。

11 Donald S. Lopez, Jr., *The Heart Sutra Explained: Indian and Tibetan Commentaries.* (Albany: SUNY, 1988), p.21.

從「道」而言，「圓覺」便有「令覺圓滿」的意義，是亦即「覺波羅蜜多」。《大般若經第二會不可得品》有云：

> 世尊，如是般若波羅蜜多是正等覺波羅蜜多。
> 佛言：如是，於一切法一切行相能現覺故。[12]

同經《讚德品》亦云：

> 世尊，甚深般若波羅蜜多是正等覺波羅蜜多。
> 如是，善現，於一切法能正等覺一切相故。[13]

如上所引，為「正覺波羅蜜多」於大乘佛典中的根據，也就是「甚深般若波羅蜜多」。

從「果」而言，「圓覺」為已圓證之覺性，此猶言如來之「無上正等正覺」（阿耨多羅三藐三菩提，anuttarā-samyak-sambodhi）。是故，若不拘泥於文字，亦不妨視「圓覺」為「無上正等正覺」或「正覺」之意譯。

經中復闡釋此「圓覺」為輪迴界有情本具：

> 善男子，如銷金礦，金非銷有，既已成金，不重為礦。經無窮時，金性不壞，不應說言，本非成就。如來圓覺，亦復如是。善男子，一切如來妙圓覺心，本無菩提及與涅槃，亦無成佛及不成佛、無妄輪迴及非輪迴。

是亦即本經着重闡釋的如來藏思想。憨山大師的《大方廣圓覺修多羅了義經直解》釋「圓覺」，可謂言簡意賅，得其旨趣：

12　《大正藏》Vol. 7，No. 220，頁 204。

13　《大正藏》Vol. 7，No. 220，頁 589。

「圓覺」二字，直指一心以為法體。此有多稱，亦
名「大圓滿覺」，亦名「妙覺明心」，亦名「一真
法界」，亦云「如來藏清淨真心」。《楞伽》云
「寂滅一心」，即《起信》所言「一法界大總相法
門」。體稱雖多，總是圓覺妙心。[14]

上來所說「境、行、果」，復可有各各「境、行、果」
之細分建立，如「境」之「境」、「境」之「行」等。於
《圓覺經》中，文殊、金剛藏、彌勒、清淨慧四位菩薩，可
理解為圍繞「境」之「境、行、果」來發問。此包括金剛藏
菩薩請問「若諸眾生本來成佛，何故復有一切無明？若諸無
明眾生本有，何因緣故如來復說本來成佛？十方異生本成佛
道，後起無明，一切如來，何時復生一切煩惱？」，為有關
「圓覺境」之「境」之提問；文殊菩薩請問「如來本起清淨
因地法行」及彌勒菩薩請問「云何當斷輪迴根本？於諸輪迴
有幾種性？修佛菩薩幾等差別？當設幾種教化方便度諸眾
生？」，悉問有關「圓覺境」之「行」；清淨慧菩薩請問
「法王圓滿覺性」及「眾生、菩薩及如來所證所得之差別」，
則問「圓覺境」之「果」。

於「行」而言，《圓覺》則由普賢、普眼、威德自在、
辯音、淨諸業障、普覺六位菩薩發問。當中，普眼菩薩請問
「菩薩修行漸次」、威德自在菩薩請問「一切方便漸次」與
「修行人總有幾種」，屬「行」之「境」之問；普賢菩薩請
問「聞此清淨境界云何修行」、辯音菩薩請問「一切菩薩於
圓覺門有幾修習」，屬「行」之「行」的範圍；淨諸業障菩

薩請問「不思議事一切如來因地行相」、普覺菩薩請問「禪病」，屬「行」之「果」的提問。

於「果」而言，因證覺境界無可說、亦不宜落於文字多作形容，本經僅由圓覺菩薩請問「淨覺種種方便」，並由賢善首菩薩請問是經「流通分」作結，兩者一重淨覺一重流布，凸顯智悲雙運的證果境界。

於此集中討論《圓覺經》中對修行方面的指示，以此可謂本經的精華所在。而此精華中的精華，見於下來此段引文：

> 善男子，一切眾生種種幻化，皆生如來圓覺妙心，猶如空花從空而有。幻花雖滅，空性不壞；眾生幻心，還依幻滅，諸幻盡滅，覺心不動。依幻說覺。亦名為幻。若說有覺，猶未離幻。說無覺者，亦復如是。是故，幻滅名為不動。
>
> 善男子，一切菩薩及末世眾生，應當遠離一切幻化虛妄境界，由堅執持遠離心故。
>
> 心如幻者，亦復遠離。
>
> 遠離為幻，亦復遠離。
>
> 離遠離幻，亦復遠離。得無所離，即除諸幻。

此中，以上對此引文的分段，第一段為「行」之「境」，闡述此修行次第的見地，依幻說覺，而以幻修幻，當中並未諦實覺心，故說「有覺」、「無覺」者，皆未離幻，是即未能對「行」之「境」予以止抉擇。此亦即經中另文所言：「如來因地修圓覺者，知是空花，即無輪轉，亦無身心受彼生死，非作故無，本性無故。彼知覺者猶如虛空，知虛空者即

空花相，亦不可說無知覺性。有、無俱遣，是則名為淨覺隨
順。何以故？虛空性故，常不動故，如來藏中無起滅故，無知
見故，如法界性究竟圓滿遍十方故；是則名為因地法行。」。
能覺幻生幻滅悉為無生，即證不動。其「行」之「行」，則
為以上第二段到第五段之四重加行：

一者，遠離一切幻化虛妄境界；

二者，遠離離此虛幻境界之如幻心；

三者，於遠離如幻心之遠離，亦復遠離；

四者，離一切遠離之幻，以至極無所離。

此四加行法，於宗密力弘《圓覺經》之時，未見於當時已
譯出的佛典，卻於後來譯出的經論找到註腳。此如 1009 年才
由施護譯出蓮華戒（Kamalaśīla）《修習次第》（Bhāvanākrama）
初篇的《廣釋菩提心論》，便對經中提到此四加行有很好的
闡釋：

> 如《楞伽經》說，總略而言，正慧觀行，唯心靜
> 住，外無分別。若住真如所緣，是心應過。心若過
> 已，彼無對礙而亦應過。無對礙中，若相應住是大
> 乘觀。彼無發悟最勝寂靜，即勝無我智無對礙觀。

> 此中意者，如實觀察心外，必無色法分別，是即最
> 上相應勝行。若爾，識之與色，云何有異？或不異
> 者，識亦應有對礙義耶？不然，如夢分位所見不
> 實，是故識外如實伺察，極微量色取不可得。以不
> 可得故，如是成唯識，無復一切外義可有。唯心靜

住外無分別，於伺察中以離色法故，有所得相，而為得者畢竟無所得，是故於諸色法應觀無色。彼若唯心，無實能取亦無所取，是二取性實不可得，離取捨故即心無二。如是伺察亦無二相，於真如所緣中是心亦過。彼所取相亦復過已，二無對礙，於是無二智中住如實義。所言唯心過已，二無對礙，是智於中而亦應離。

是故自性他性中，諸有生性而不可得，如應伺察諸眾生性，亦不和合。若取若捨，二不實性，悉應遠離，當知一切物性諸有取著，於無二智中皆應捨離，於無對礙無二智中若如是住，即於一切法如實覺了無有自性，彼即能入最上實性，入無分別三摩地門。又若於是無對礙無二智中相應住者，是即最上實性中住，是大乘見，如是亦見最上實性。以見最上實性故，即於一切法慧眼觀空，智光明中皆如實見。[15]

　　蓮華戒為八世紀人（約740-795），年代比《圓覺經》還要晚。論中提到此修行加行出自《楞伽》，是即該經〈偈頌品〉第256至258頌：

　　　　行者得入唯心時　　即停分別外世間
　　　　由是得安住真如　　從而超越於唯心

　　　　由於得超越唯心　　彼亦超越無相境
　　　　若安住於無相境　　是則不能見大乘

15　《大正藏》Vol. 32，No. 1664，頁567。

> 無功用境為寂靜　由本誓故究竟淨
> 此最殊勝無我智　以無相故無所見[16]

此三頌述說的修行次第，印度論師如蓮華戒、寂護（Śāntarakṣita）和寶作寂（Ratnākaraśānti），說之為「佛教的心要」[17]。初為行者由悟入唯心，而不復分別外世間為實有；其次，由悟入真如境界，而得超越唯心。復次，又得超越唯心而住於真如，行者更應超越無相，如是始為真見大乘（若不能超越無相而住無相境，則不能見大乘）；如此境界，為無功用，且為寂靜，行者依其菩薩宏願而證此究竟清淨之最殊勝無我智。此中所說，蓮華戒認為是大乘修學的精華。但於《圓覺經》於漢土流通時，僅有求那跋陀羅的「宋譯楞伽」（443）及菩提流支的「魏譯楞伽」（513），而實叉難陀的「唐譯楞伽」（704）尚未譯出。「宋譯楞伽」未有譯〈偈頌品〉，「魏譯楞伽」則雖有〈偈頌品〉，卻翻譯拙劣，比較接近上引三頌的譯頌，為「遠離於心事，不得說惟心。若觀於外事，眾生起於心；云何心無因？不得說惟心。真如惟心有，何人無聖法？有及於非有，彼不解我法」[18]。如《圓覺》

---

16 依談錫永譯《入楞伽經梵本新譯》，台北：全佛出版社，2005，頁260。
　　梵本：cittamātraṃ samāruhya bāhyamarthaṃ na kalpayet / tathatālambane sthitvā cittamātramatikramet /
　　cittamātramatikramya nirābhāsamatikramet /nirābhāsasthito yogī mahāyānaṃ sa paśyati //
　　anābhogagatiḥ śāntā praṇidhānairviśodhitā /jñānamanātmakaṃ śreṣṭhaṃ nirābhāse na paśyati //
　　「唐譯楞伽」作：「安住於唯心，不分別外境；住真如所緣，超過於心量。若超過心量，亦超於無相；以住無相者，不見於大乘。行寂無功用，淨修諸大願；及我最勝智，無相故不見」。

17 參吳汝鈞譯、梶山雄一著，《空之哲學》（台北：文殊出版社，1988），頁165。復可參 Yael Bentor, "Fourfold Meditation: Outer, Inner, Secret, and Suchness," in *Religion and Secular Culture in Tibet: Tibetan Studies II: Proceedings of the Ninth Seminar of the International Association for Tibetan Studies.* Leiden: International Association of Tibetan Studies, 2000: pp. 41-58.

18 《大正藏》Vol. 16，No. 671，頁578。

為漢人偽造，後世學人實難以想像偽造者如何能借鑑「魏譯楞伽」的譯文，造出合乎大乘修行次第心要的經文。

　　蓮華戒於論中除帶出此修習次第外，於末段還特別指出「以見最上實性故，即於一切法慧眼觀空，智光明中皆如實見」，以此強調依次第證得的「無對礙無二智」，如《楞伽》所言，體性為「無功用」，即非新得，而為有情本具。蓮華戒以「智光明」來說明此「無對礙無二智」，為讀論的人暗示此即瑜珈行派論典中所言之「心光」，如《大乘莊嚴經論》（*Mahāyānasūtrālaṃkāra*，括號中所附果位，依無著釋論補入）云：

　　　　爾時此菩薩　　次第得定心
　　　　唯見意言故　　不見一切義（煖位）

　　　　為長法明故　　堅固精進起
　　　　法明增長已　　通達唯心住（頂位）

　　　　諸義悉是光　　由見唯心故
　　　　得斷所執亂　　是則住於忍（忍位）

　　　　所執亂雖斷　　尚餘能執故
　　　　斷此復速證　　無間三摩提（世第一位）

　　　　遠離彼二執　　出世間無上
　　　　無分別離垢　　此智此時得（得法眼淨）

　　　　此即是轉依　　以得初地故
　　　　後經無量劫　　依淨方圓滿[19]（轉依位）

19　《大正藏》Vol. 31，No. 1604，頁 625。

當中所說，可視為《楞伽》偈頌的註解。同論復言，

> 譬如清水濁　穢除還本清
> 自心淨亦爾　唯離客塵故
>
> 已說心性淨　而為客塵染
> 不離心真如　別有心性淨[20]

比較此經梵本，此中所說「心之體性常淨」（cittaṃ prakṛtiprabhāsvara），卻為客塵所染（tadāgantukadoṣaduṣita），而此本淨之心，亦即「法性心」（dharmatācitta，上引波羅頗蜜多羅的漢譯作「心真如」）。如此即把四加行修習與如來藏思想連結起來。若考慮到《楞伽》本來就是闡釋如來藏的重要經典，如此的關聯便完全不意外，而同樣的四重修習導引亦見於說如來藏的《圓覺經》，也就更覺順理成章。

印度佛教典籍中，尚有專說此四重修習加行的《聖入無分別總持經》（Avikalpapraveśa-dhāraṇī）。無獨有偶，此經亦為如來藏經典之一，其收入《大藏經》的漢譯，只有宋代施護本《佛說無分別法門經》，至於較早的八世紀敦煌譯本《入無分別總持經》，則似乎未曾於漢土流通。然姑勿論敦煌本是否為漢土佛子所知，此漢譯本亦比《圓覺經》流通之時晚了一個多世紀，而施護譯本則比敦煌本更晚兩百年。《圓覺經》如屬偽造，如何出現跟《聖入無分別總持經》如此吻合的說法？我們且比較二者：

《入無分別》云：

> 其初者，謂遍遣除一切自性分別所取、能取之相。

20　《大正藏》Vol. 31，No. 1604，頁 622。

於彼有漏事相者，即自性分別之相也。有漏事者，
即是五取蘊，是為色取蘊、受取蘊、想取蘊、行取
蘊、識取蘊。云何完全捨離彼等於自性起分別之
相？謂於依變現理而現前之諸法，不作意故，便能
遍遣除。[21]

此說行者對依識變現的外境，包括五蘊等，皆由心不作
意（amanasikāra）於自性分別相而得遣除。此即同《圓覺
經》所說的第一次第：

善男子，一切菩薩及末世眾生，應當遠離一切幻化
虛妄境界，由堅執持遠離心故。

《入無分別》復言：

彼等於自性起分別之相，若能次第遍遣除，則有彼
異對治之伺察分別諸相，如變現之理而遍起現前，
所謂於布施起伺察分別之相、於持戒起伺察分別之
相、於安忍起伺察分別之相、於精進起伺察分別之
相、於禪定起伺察分別之相、於般若起伺察分別之
相；是所謂於性相所作、於功德所作、於藏所作，
於彼等亦不作意故，能遍遣除。

是即於各種修行上的對治法，亦由不作意故而遍遣除。
《圓覺經》同樣以一切修習為如幻修習，經言「即除諸幻，
譬如鑽火兩木相因，火出木盡灰飛煙滅。以幻修幻，亦復如
是。諸幻雖盡，不入斷滅」，明確道出「以幻修幻」的道

---

21 此依沈衛榮譯，見談錫永導論，沈衛榮、邵頌雄校研，馮偉強梵校《聖入
無分別總持經對勘及研究》（台北：全佛出版社，2005），頁149。下引同
此譯本。

理。既除幻已，除幻之幻對治法亦應除遣，故有第二次第的加行：

> 心如幻者，亦復遠離。

《入無分別》復言：

> 彼若能遍遣除彼等（能治分別之相），則有餘真實所作分別諸相，以變現理遍起現前。彼亦所謂於空性起伺察分別之相、於真如起伺察分別之相、於實際起伺察分別之相、於無相、勝義及法界起伺察分別之相；是所謂於自相起伺察、於功德起伺察、於藏起伺察。於彼真如起伺察分別之相亦不作意故，能遍遣除。

離能取所取而證入真如已，若對所證達之真如、法界、功德等執而為實，亦落伺察分別相。《圓覺經》的說法，是對於能遠離能所諸幻之「真實」，亦復遠離，是為第三次第：

> 遠離為幻，亦復遠離。

最後，《入無分別》復言：

> 若能遍遣除彼等（真如分別之相），則於有餘證得者起伺察分別之諸相，如變現理而遍起現前。彼亦所謂於證得初地起伺察分別之相，乃至於證得十地起伺察分別之相、於證得無生法忍起伺察分別之相、於證得授記起伺察分別之相、於證得嚴淨佛土起伺察分別之相、於證得令一切有情成熟起伺察分別之相、於證得灌頂起伺察分別之相、乃至於證得一切種智起伺察分別之相；彼所謂於我之性相起伺

察、或於功德起伺察、或於藏起伺察。彼於證得起
伺察分別之諸相不作意故，能遍遣除。

此為對菩薩各地證智的超越，亦是對微細習氣、微細分別的遣除，涵蓋菩薩修道位的修習，以達無上正等的圓覺果位。《圓覺經》說之為：

離遠離幻，亦復遠離。得無所離，即除諸幻。

如此離無所離、證無所得的境界，即為行者本具的如來藏。《入無分別》以四重掘寶來譬喻此四次第：

此即有如於一堅硬、牢固之岩石下，有種種大寶如意寶、光明燦爛，是為銀寶、金寶、琉璃寶等充滿種種異寶之大寶藏。爾時有欲求大寶藏者，來詣此山。有先知大寶藏之人乃告之曰：咄男子！於彼硬石之下，有光明大寶所充滿之大寶藏，彼下有如意珠寶藏。汝應先唯掘一切石之自性，掘彼已，於汝（相續）變現為示現作銀之石，然於彼亦不應作大寶藏之想，遍知彼已，應更掘彼。掘彼已，便變現為示現作金之石，於彼亦不應作大寶藏之想，遍知彼已，亦應更掘彼。掘彼已，便變現作種種大寶石顯現，於彼亦不應作大寶石之想，彼亦遍知已，應更掘彼。咄男子！汝若如是精進已，則無有掘之加行、亦無須功用，即見大寶如意寶之大寶藏。

此由銀、金、大寶、如意寶四喻表徵四次第之修證，並以最後之如意寶「無有掘之加行、亦無須功用」，即明白道出此為法爾，正是如來藏思想的主調。

瑜伽行派另有《辨法法性論》（Dharmadharmatāvibhaṅga），

以上引《聖入無別總持經》段落為基礎,詳說「轉依」
(āśrayaparivṛtti)之理。論言:

> 知本無所有　即證知唯識
> 由證唯識故　知無一切境
> 復由證無境　知唯識亦無
> 悟入無二取　無二取分別
> 是無分別智　無境無所得
> 以彼一切相　由無得而現[22]

　　此亦即《楞伽》偈頌的義理。論中復分兩重轉依說明此
理[23]:一者為「廣義轉依」(āśrayaparivṛtti),以抉擇位、觸
證位、隨念位、智體性位四者配合上來所說的四重加行修
習:

> 加行悟入者　說為有四位
> 由勝解加行　入勝解行地
> 是為抉擇位　復於初地上
> 內自證加行　是為觸證位
>
> 由修習加行　入六未淨地
> 及三遍淨地　是為隨念位
> 由究竟加行　於彼佛地上
> 任運佛事業　相續而不斷
> 是智體性位

　　是故依瑜伽行派的說法,《圓覺》與《入無分別》的四加

---

22 依談錫永譯,下引同。見談錫永、邵頌雄譯著《辨法法性論及釋論兩種》
　　(台北:全佛出版社,2009)。

23 參考高崎直道《如來藏思想 II》(京都,法藏館,1989),頁169-190;談錫
　　永、邵頌雄於《辨法法性論及釋論兩種》中的導論,頁50-63。

行次第，即名為勝解加行、內自證加行、修習加行、究竟加行。完成此四加行者，即為「究竟轉依」（niṣṭhāśrayaparivṛtti）。

復次，《辨法法性論》還有「狹義轉依」（āśrayaparāvṛtti），是為論中所說之「四正加行」：

> 正加行悟入　當知依四種
> 謂有得加行　及無得加行
> 有得無得行　無得有得行

世親論師（Vasubandhu）的註釋云：

> 此言「正加行悟入，當知依四種」，初「謂有得加行」，即謂「（於外境）有得而唯識（變現）」；「及無得加行」者，謂於外境無得；「有得無得行」者，謂若外境無有，內識亦應無得，蓋若無所了別（之外境），則能了知（之內識）亦應無有；「無得有得行」者，謂因二取無（所）得故，則可得（成立）無二取。

此「四正加行」，初二約同「廣義轉依」之抉擇位；後二約同「廣義轉依」之觸證位。《楞伽經》、《圓覺經》與《入無分別經》中述說的修行次第，為「廣義轉依」之四加行。詳釋此四加行的《辨法法性論》亦同樣古無漢譯。

除此加行次第外，《圓覺經》亦多談及實際觀修方便。例如威德自在菩薩請問「一切方便漸次」一章，便提到奢摩他（śamatha）、三摩鉢提（samāpatti）、禪那（dhyāna）三種方便。「奢摩他」意為「寂止」，一般輔以「毘鉢舍那」（vipaśyanā，勝觀）輪修或齊修，即上來討論之止觀修習。當中解說「奢摩他」一段云：

奢摩他若諸菩薩悟淨圓覺，以淨覺心取靜為行。由
澄諸念，覺識煩動，靜慧發生，身心客塵從此永
滅，便能內發寂靜輕安。由寂靜故十方世界諸如來
心於中顯現，如鏡中像。

所說之「奢摩他」，為經過「取靜為行」、「靜慧發生」
的「寂靜輕安」，可以理解為粗淺層次的「止」和「觀」引
發的較深層次的「止」。

至於「三摩鉢提」，意為「正受」、「等至」，經文解說
為：

若諸菩薩悟淨圓覺以淨覺心，知覺心性及與根塵皆
因幻化，即起諸幻。以除幻者，變化諸幻而開幻
眾。由起幻故便能內發大悲輕安，一切菩薩從此起
行漸次增進，彼觀幻者非同幻故，非同幻觀皆是幻
故幻相永離，是諸菩薩所圓妙行如土長苗，此方便
者名三摩鉢提。

此由「大悲輕安」引發「漸次增進」之「觀幻」，非同
粗淺層次之「幻觀」，是可說為另一層次之「止」與「觀」
的修習。

最後的「禪那」，意為「靜慮」，經中說為：

若諸菩薩悟淨圓覺，以淨覺心不取幻化及諸淨相，
了知身心皆為罣礙，無知覺明不依諸礙，永得超過
礙無礙境，受用世界及與身心，相在塵域，如器中
鍠，聲出於外，煩惱涅槃不相留礙，便能內發寂滅
輕安妙覺，隨順寂滅境界，自他身心所不能及，眾
生壽命皆為浮想。此方便者名為禪那。

　　所謂「永得超過礙無礙境」與「隨順寂滅境界」，可理解為「止觀雙運」之境界。如此三種方便，依次而言，便成「止觀→止→止→觀→止觀雙運」的觀修進程。此為印度瑜伽行派秉持的傳規。[24] 若配合上來《辨法法性論》的「四正加行」而言，第一重的「止觀」，為「有得加行」；由此悟入的第二重「止」，為「無得加行」，是如經中所言「由寂靜故十方世界諸如來心於中顯現，如鏡中像」；然後的第三重「止」，為「有得無得加行」，而之後的「觀」，則為「無得有得加行」，二者相當於經中所說的「三摩鉢提」；最後的「止觀雙運」，則為「禪那」的次第離所緣真如相。

　　復依「廣義轉依」而言，由「止觀→止→止」，為「抉擇位」的修習；繼而的「觀」，屬「觸證位」的現觀真如；最後的「止觀雙運」，則為「隨念位」的反覆觀修。由此導入「智體性位」，則為無功用的最勝智，經言「所證無得無失、無取無捨，能證無作無止、無任無滅。無能無所、畢竟無證亦無證者，一切法性平等不壞」，是亦即為「圓覺」。

　　然四加行並非呆板地依循其次第修習，更非一蹴即就，以為完成「奢摩他」便不用再回顧之前修習的「取靜為行」、「靜慧發生」，否則即淪為機械、僵化，難以調伏具生命力的心性。是故印度大乘傳規，着重「交替」，一如《現觀莊嚴論》（*Abhisamayālaṅkāra*）述說的「圓滿加行」、「頂加行」、「漸次加行」、「剎那加行」等四加行的反覆交替修習。《圓覺經》中乃有辯音菩薩請問「菩薩於圓覺門有幾修習」，而

24　有關「止→觀→止→止→觀→止觀雙運」的觀修進程，參談錫永〈由彌勒瑜伽行與甯瑪派修證說「入無分別」〉，收《聖入無分別總持經對勘及研究》，頁270-363，亦可參釋惠敏〈止觀之研究──以「解深密經分別瑜伽品」為主〉，收《獅子吼》第24卷第三期（1985.03），頁58-67。

說有「二十五種清淨定輪」：1）單修奢摩他；2）單修三摩缽提；3）單修禪那；4）先修奢摩他後修三摩缽提；5）先修奢摩他後修禪那；6）先修奢摩他中修三摩缽提後修禪那；7）先修奢摩他中修禪那後修三摩缽提；8）先修奢摩他齊修三摩缽提及修禪那；9）齊修奢摩他三摩缽提後修禪那；10）齊修奢摩他禪那後修三摩缽提；11）先修三摩缽提後修奢摩他；12）先修三摩缽提後修禪那；13）先修三摩缽提中修奢摩他後修禪那；14）先修三摩缽提中修禪那後修奢摩他；15）先修三摩缽提齊修奢摩他禪那；16）齊修三摩缽提奢摩他後修禪那；17）齊修三摩缽提禪那後修奢摩他；18）先修禪那後修奢摩他；19）先修禪那後修三摩缽提；20）先修禪那中修奢摩他後修三摩缽提；21）先修禪那中修三摩缽提後修奢摩他；22）先修禪那齊修奢摩他三摩缽提；23）齊修禪那奢摩他後修三摩缽提；24）齊修禪那三摩缽提後修奢摩他；25）圓修三種自性清淨隨順。

然如此多種交替方便，無非皆是「以幻修幻」，非唯依一種而行，亦非依次而修。實際而言，實無漸次，如經言：

> 善男子，知幻即離，不作方便，離幻即覺，亦無漸次。一切菩薩及末世眾生，依此修行，如是乃能永離諸幻。

此中所言，皆非泛泛而談，亦不是憑空堆砌，顯示結集經文者，實曾深入印度大乘的觀修，非唯知理論空想。

更者，經中提到的其他「菩薩修行漸次」，還有「奢摩他行、堅持禁戒、安處徒眾、宴坐靜室」，觀身心如幻、一多互融、遍滿法界等，以及四念住的具體觀修，觀身無我、受無我、心無我、法無我。值得留意的是，經中對有情「妄想

執有我、人、眾生及與壽命」的解說，完全不循義理方向來闡述，跟漢土論師的論疏分別甚大。此如宗密的《金剛般若經疏論纂要》卷一釋「是諸眾生，無復我相人相眾生相壽者相，無法相亦無非法相」句云：

> 初徵信者，以何義故？得如來悉知悉見。後釋二：
>
> 一無我執，執取自體為我、計我展轉趣於餘趣為人、計我盛衰苦樂種種變異相續為眾生、計我一報命根不斷而住為壽者。
>
> 二無法執。論云：無法相者，能取所取一切法無，亦無非法相者，無我真空實有。然離二執正是得佛知見，成就淨信之本善根福德，却是相兼故。論云：有智慧便足。何故？復說持戒功德，為示現實相差別義故。亦有持戒功德，依信心恭敬能生實相故，不但說般若二因，顯未除細執。[25]

《圓覺經》說「我、人、眾生、壽者」四相，則仍依修持而說，可與四念住對讀。經中以四相為四顛倒，復由四顛倒而生虛妄、妄見流轉，故云「一切眾生從無始來，妄想執有我人眾生及與壽命，認四顛倒為實我體，由此便生憎愛二境。於虛妄體重執虛妄，二妄相依生妄業道，有妄業故妄見流轉，厭流轉者妄見涅槃。由此不能入清淨覺，非覺違拒諸能入者，有諸能入非覺入故」。糾正四顛倒唯靠禪修。其初，就「我相」而言，經云：

> 善男子，云何我相？謂諸眾生心所證者。善男子，

25　《大正藏》Vol. 33，No. 1701，頁159。

> 譬如有人百骸調適，忽忘我身，四支絃緩，攝養乖方，微加鍼艾，則知有我。是故證取，方現我體。善男子，其心乃至證於如來，畢竟了知清淨涅槃皆是我相。

此由「觀身無我」可作對治。其次，就「人相」而言，經云：

> 善男子，云何人相？謂諸眾生心悟證者。善男子，悟有我者不復認我，所悟非我，悟亦如是。悟已超過一切證者，悉為人相。善男子，其心乃至圓悟涅槃，俱是我者，心存少悟，備殫證理，皆名人相。

此由「觀受無我」可作對治。更次，就「眾生相」而言，經云：

> 善男子，云何眾生相？謂諸眾生心自證悟所不及者。善男子，譬如有人作如是言「我是眾生」，則知彼人說眾生者非我非彼。云何非我？我是眾生，則非是我。云何非彼？我是眾生，非彼我故。善男子，但諸眾生了證了悟，皆為我、人，而我、人相所不及者，存有所了，名眾生相。

此由「觀心無我」可作對治。最後，就「壽者相」而言，經云：

> 善男子，云何壽命相？謂諸眾生心照清淨覺所了者，一切業智所不自見猶如命根。善男子，若心照見一切覺者皆為塵垢，覺所覺者不離塵故。如湯銷冰，無別有冰，知冰銷者，存我覺我，亦復如是。

此由「觀法無我」可作對治。如是解釋四相，非漢土論

著所見，讀者不妨更參考僧肇、窺基、慧能等所撰的《金剛經》註，對比其中闡說四相的段落，應可更能體會《圓覺》以實修角度作釋的深意。

上來就《圓覺》中有關觀修方便與修持體系的段落，審視其論述如何與印度佛家的傳規配合得絲絲入扣。讀者不妨細想，若《圓覺經》非從印度傳來，何以有相同的印度大乘次第禪修指引？

＊　　　　　＊　　　　　＊

呂澂居士認為《圓覺》由《起信》發展出來的偽經，而《起信》則是原自「魏譯楞伽」的偽論。由他總結印度佛學與中國佛學的特質中，特別提出印度佛家主張「心性本寂」，而中國佛家則以「心性本覺」為基礎，並認為此「錯解」的來源，就是《起信》對「魏譯楞伽」的誤讀。也因此，提出「圓覺」的《圓覺經》，也必然是「偽經」。然近代學者的研究，卻對呂澂的立論不敢苟同。此如程恭讓把呂澂認為錯譯的「魏譯楞伽」段落，持之與梵本及其餘三種漢譯本仔細比較，認為「魏譯楞伽」非如呂澂所言「全盤錯了」[26]，而陳玉萍亦於她的比較研究中，提出相近的結論，指出呂澂很多時是曲解了「魏譯楞伽」的原意。[27] 所謂《圓覺》依《起信》偽造，然《圓覺》通篇未見「一心二門」、體相用三大等討論，亦沒有對如來藏與阿賴耶識關係之討論，立論未免不周。此外，所謂「本寂說」與「本覺說」的

26　程恭讓，〈《楞伽經》如來藏段梵本新譯及對呂澂關於魏譯相關經文批評的再批評〉，《哲學研究》第 3 期（2004），頁 54-58。

27　陳玉萍，〈《楞伽經》與《大乘起信論》關係之研究——以呂澂的觀點為線索〉，玄奘大學碩士論文，頁 93-186。

分野，也同樣非如呂澂之所言，能用以界定印度佛教與漢傳佛教的區別。否定「本覺」之說，明顯忽視印度如來藏諸經及瑜伽行古學的義理，也漠視《般若》說「是心非心」、「光明清淨」（prabhāsvarā）的說法。而且，呂澂全由義理方面來作猜度，亦為他的局限。本論就《圓覺》於觀修指引上的獨特性立論，認為基於當時已譯出的佛典而言，偽造《圓覺》而能把印度修持系統和盤托出，實難以置信。雖未足以為證明《圓覺》為印度論師傳入，卻希望能開展研究《圓覺》真偽的新方向。是有望於學者繼續努力。

正文

正 文

依規範，應先「經」後「釋」，為方便閱讀，建議讀者先讀釋文，得理解後，然後再讀經文。

1、釋迦入如來藏說圓覺

【經】　如是我聞：

一時，婆伽婆入於神通大光明藏三昧正受，一切如來光嚴住持，是諸眾生清淨覺地，身心寂滅、平等本際、圓滿十方、不二隨順，於不二境現諸淨土。與大菩薩摩訶薩十萬人俱，其名曰文殊師利菩薩、普賢菩薩、普眼菩薩、金剛藏菩薩、彌勒菩薩、清淨慧菩薩、威德自在菩薩、辯音菩薩、淨諸業障菩薩、普覺菩薩、圓覺菩薩、賢善首菩薩等，而為上首；與諸眷屬皆入三昧，同住如來平等法會。

【釋】　世尊入「神通大光明藏」來說法，這光明藏是「三昧正受」的境界，方便來說，即是定中所覺的覺境。這個境界其實便是如來藏的境界，如來藏是智識雙運境。智境，指如來法身，如來法身即是佛內自證智；識境，指如來法身上隨緣自顯現的世間。經文用「一切如來光嚴住持，是諸眾生清淨覺地」來形容這個雙運境。

一切如來的內自證智都相同，也即是說，凡成如來

都同樣自證入這唯一的智境。所以經文便說「*一切如來光嚴住持*」。「*光*」是光明，表義法身的法爾光明；「*嚴*」是莊嚴，這是一個名詞，凡於法身上自顯現的一切世間一切法，都稱為法身上的莊嚴，所以便即是表義一切自顯現的識境。「*一切如來光嚴住持*」，便即是一切如來都住持法身與識境雙運的境界，這便是神通大光明藏的三昧正受，即是定中的覺境，也即是如來藏的境界。

如來藏境界須由清淨覺來覺。清楚一點來說，便是：清淨覺之所覺，其境界便是如來藏。要用語言文字來表達這個境界，便說為「身心寂滅，平等本際，圓滿十方，不二隨順」。於住持這境界時，得清淨覺（本覺）的覺境，此際更無身心的罣礙，同時證入大平等性，這可以說為對智境之所證；「*圓滿十方*」則為對識境之所證，十方世界都任運圓成，亦即一切世間都因應其相礙而成圓滿自顯現，所以本覺的覺境，便是智境與識境雙運的境界。

由開經這段經文，便可以敲定經文的總義，簡單來說，便是由如來藏的境界，來說「圓覺」的境界（本覺圓滿的境界），分別由見地（基）、觀修（道）、證果（果）來說。行者悟入見地，依見地抉擇及決定來觀修，所現證的便是如來藏果、便是圓覺的覺境。

2、文殊問「如來本起清淨因地」

【經】　於是文殊師利菩薩在大眾中即從座起，頂禮佛足右
　　　　遶三匝，長跪叉手而白佛言：「大悲世尊，願為此
　　　　會諸來法眾，說於如來本起清淨因地法行，及說菩
　　　　薩於大乘中發清淨心，遠離諸病，能使未來末世眾
　　　　生求大乘者不墮邪見。」作是語已五體投地，如是
　　　　三請終而復始。

【釋】　文殊師利是第一個向釋迦請法的菩薩，他對釋迦
　　　　說：「大悲世尊，願為此會諸來法眾，說於如來本
　　　　起清淨因地法行。」筆者已經說過，這即是請說如
　　　　來藏，以如來藏為因地。

　　　　現在解釋一下「本起清淨因地」。此即說「因地」
　　　　是「本起清淨」，也就是法爾清淨、本初清淨的意
　　　　思。因為因地是本起、法爾、本初，所以下文釋迦
　　　　之所說，無不以本起、法爾、本初為主旨。依因地
　　　　而修的「法行」，能起本覺，本覺之所覺，便是法
　　　　爾的自然智，這自然智的境界，則是本初清淨大平
　　　　等的如來藏，此中無一不是本起、法爾、本初。

　　　　凡夫依心識來覺受，所以一切覺受都落入名言句
　　　　義，這些覺受的境界，不能說為本起、法爾、本
　　　　初，因為是依名言句義來覺受，覺受之所得，便只
　　　　是名言句義的境界，這個境界十分粗疏，所以只能
　　　　說為概念，例如糖的味道，人食時一定說之為甜，
　　　　還可以加種種概念的形容來說它如何甜，那似乎很

精細了，其實不是，無論怎樣去形容，其實都說不出這塊糖的真實味道。說不出真味的言說，便是粗疏，也可以說，凡依概念造作而成的言說，一定粗疏。

十地菩薩及佛所得的「三昧正受」稱為本覺，本覺者，便是離名言概念、離言說造作的覺。仍以食糖為例，糖的味道怎樣，便嚐出怎樣的味道，這樣的覺才可以稱為本覺，《入楞伽經》說的「唯心所自見」，便是本覺的境界。這裏說的「見」，其實已包含色、聲、香、味、觸的覺受，等於同時說「唯心所自聽」、「唯心所自嗅」等等。既然是「唯心所自」，不受一切名言概念的影響，這便是「本起清淨」。

如來法身可以說是本起清淨，如來法智可以說是本起清淨，如來法界可以說是本起清淨，這些都容易理解，可是這樣說時，便遺漏了世俗，所以如果要全面說本起清淨，那就應該說法爾智識雙運的如來藏，這樣既包含了如來法身（法界、法智），也同時包含了在如來法身上隨緣自顯現的一切世間。這些世間其實亦是本起清淨，只不過受眾生建立的名言句義污染，於是變為不淨。此如一塊糖，它的味道本來如是，人卻喜歡加上名言句義來增上，例如說，這塊糖有咖啡味，同時又有點牛奶的味道，所以是「牛奶咖啡糖」，這樣別人吃這塊糖時，受了「牛奶咖啡糖」這個名言的影響，落入牛奶咖啡的概念（句義），於時便人人便都說「牛奶咖啡」

味，這味實在由增上做作而成，並不是「唯舌所自
嚐」的本味。

說到這裏，應該已說清楚「本起清淨因地」了，文
殊所請，便是請釋迦說清楚這個因地，同時指示如
何依此因地觀修「法行」。前面已經說過，這其實
是請釋迦說如來藏法門及其觀修。這有甚麼利益
呢？經說——

> 「菩薩於大乘中，發清淨心，遠離諸病。」

> 「能使未來末世眾生求大乘者不墮邪見。」

釋尊說法，安立法異門甚多，目的在於依據不同的
根器，由種種法異門將之分別引入本覺（三昧正
受），現在請釋尊作一總說，明白演示「本初清淨
因地」為何，這樣，由種種法異門入的菩薩，便當
知道還要入甚麼法行才是究竟。如來藏法門可以由
四諦入、唯識入、中觀入，倘若住於四諦、唯識、
中觀，便自以為究竟，那便是「病」；倘若依四
諦、唯識、中觀的種種宗見以為究竟，於是誹撥本
覺、誹撥本智、誹撥如來內自證智，誹撥智境與識
境雙運，那就更當然是「病」。《圓覺經》中釋迦
之所說，可以說是除病的法門。

不只菩薩，連凡夫亦可以受到利益，所以說「未來
末世眾生」，若求佛乘（大乘）的見修行果，亦能
依《圓覺經》的開示，不墮入邪見，這便是對末法
時期眾生的重大利益。我們可以看看現代，如來藏
居然說是外道思想，或者自以為寬容，說釋迦演如

來藏，是為了開引外道，這些便即是末法時代的邪見。如果要開引外道，用不用說了這麼多經典來演述如來藏？即就本經而言，為甚麼一開經，便要由文殊師利菩薩來問如來藏，然後全經演說如來藏的觀修，這是「開引」嗎？顯然不是，因為本經所說的「圓覺」，是對如來法身、法智、法界、智識雙運如來藏境界的「圓滿覺」，這與開引外道何關。

在末法時期，凡是關係到佛究竟法門的見修，都會給人說成是偽經。本經是華嚴宗的根本經典，《金光明經》是天台宗的根本經典，《楞嚴經》是說「一佛乘」（大乘）觀修的根本經典，《大乘起信論》是引導學人進入「一佛乘」的根本論，這些經論，都給人說是偽作。經典的內容甚深祕密，然而卻絲毫也沒有違反釋迦的經教，請問有甚麼人有資格作偽、作偽的目的何在？我們其實可以這樣想，能寫出這些經論的人，用自己的名字來發表一篇論，也就夠了，何須作偽，而且，能說出這些經論所說的見修，其人最少也是高地的菩薩，這樣程度的觀修行人會作偽嗎？由這些指責作偽的情形，我們便知道「能使未來末世眾生求大乘者不墮邪見」的重要。

本篇說文殊所問畢。下來，將解釋釋迦之答問。

3、釋迦世尊說「圓覺」

【經】 爾時，世尊告文殊師利菩薩言：「善哉，善哉，善男子，汝等乃能為諸菩薩諮詢如來因地法行，及為末世一切眾生求大乘者，得正住持不墮邪見。汝今諦聽，當為汝說。」時，文殊師利菩薩奉教歡喜，及諸大眾默然而聽。

「善男子，無上法王有大陀羅尼門，名為圓覺，流出一切清淨真如、菩提涅槃、及波羅蜜，教授菩薩。一切如來本起因地，皆依圓照清淨覺相，永斷無明方成佛道。云何無明？善男子，一切眾生從無始來種種顛倒，猶如迷人四方易處，妄認四大為自身相，六塵緣影為自心相；譬彼病目見空中花及第二月。善男子，空實無花，病者妄執。由妄執故，非唯惑此虛空自性，亦復迷彼實花生處，由此妄有輪轉生死，故名無明。善男子，此無明者非實有體，如夢中人夢時非無，及至於醒了無所得；如眾空花滅於虛空，不可說言有定滅處，何以故？無生處故。一切眾生於無生中，妄見生滅，是故說名輪轉生死。善男子，如來因地修圓覺者，知是空花，即無輪轉，亦無身心受彼生死，非作故無，本性無故。彼知覺者猶如虛空，知虛空者即空花相，亦不可說，無知覺性，有無俱遣，是則名為淨覺隨順。何以故？虛空性故，常不動故，如來藏中無起滅故，無知見故，如法界性究竟圓滿遍十方故；是則名為因地法行。菩薩因此於大乘中發清淨心，末世眾生依此修行不墮邪見。」

【釋】　釋迦世尊答文殊問，說言：「善男子，無上法王有
　　　　大陀羅尼門，名為圓覺。流出一切清淨真如，菩提
　　　　涅槃，及波羅蜜，教授菩薩。」

依此，便知「圓覺」是大陀羅尼法門，亦即一大總
持法門，總持正法及種種異門法。由這法門「流出
一切清淨真如，菩提涅槃，及波羅蜜」，這些便可以
視為由圓覺陀羅尼門流出的法異門，這樣一來，便
知這法異門其實包含了中觀與瑜伽行種種教授，這
些法異門的證量，可以說為真如、實際、實相、般
若、人無我、法無我、如所有智、盡所有智等等。

說本經為偽作的人，最主要的理由是，本經所說不
同於其它經典，這真是很奇怪的理由，如果每本經
所說相同，釋迦便只是一個語文教師。現在這本
經，是將許多法異門歸攝入一大陀羅尼法門，這個
「歸攝」，當然不同於分別而說的法異門。現在的
人很喜歡談科學，一發現科學所說的現象同於釋迦
所說，那便歡喜得很，這種心態，可以說是將科學
凌駕於佛學之上，好吧，那就可以問他們，為甚麼
愛恩斯坦可以超越牛頓，釋迦卻不可以用一大總持
法門來超越方便而說的法異門，為甚麼他們不質問
愛恩斯坦，他所說的跟牛頓毫無相同之處。可是這
樣無理之理，卻令本經受到損害，現在肯講《圓覺
經》的人相信已經不多了，是故釋迦的密意、釋迦
的究竟見、釋迦所現證的本覺，便都受到損害。

接着看經文：「一切如來本起因地，皆依圓照清淨
覺相，永斷無明方成佛道。」

總攝諸法異門的圓覺，說為「圓照清淨覺相」，「圓」是圓滿，「照」是照一切法，由「圓照」而起「清淨覺相」，復由「清淨覺相」圓照一切法。這便是圓覺。這其實是兩種智，根本智與後得智。

由圓照而得清淨覺相，是現證根本智，於是由現證而得成佛。同時，無間而起後得智，此後得智即能圓照一切世間諸法。根本智與後得智恆時雙運，因此便可以說圓照與清淨覺相恆時雙運，這才是圓覺大陀羅尼門所說的「圓覺」。本經所說，即此「圓覺」。這「圓覺」的功能，是永斷無明，成就佛道，所以成佛便是起圓覺心。

對凡夫來說，如何能斷無明，是很根本的問題，因此本經指出，凡夫執實一切妄相，實如「病目見空中花及第二月」，無實而見為實，如夢中人，執夢境為實，亦如見空花，於無生處見為生。所以，「如來因地修圓覺者，知是空花，即無輪轉，亦無身心受彼生死。」說之為「無」，並不是由作意令之為無，應該認識輪迴生死，本性為無，譬如空華之無、夢境之無。

由此當知，破除無明，實在應該由「本性」來認知。所以，種種法異門說空都不究竟，例如說「唯識無境」、「緣生性空」，都只是有作而成空。在《大寶積經・無邊莊嚴會》，釋迦說三陀羅尼門，說的便是本性空了。

欲知何為「本性空」，便應了知如來藏（所以下文

才會說到如來藏），如來藏是佛內自證智境上，生起一切世間的一切法（隨緣自顯現而成生），所以一切世間的一切法，其自性都是智境的本性，此如一切鏡影其自性必為鏡性、一切水中月影其自性必為水性，這便是以本性為自性，當說本性空時，自性亦必然是空。所以經文才會說：「善男子，如來因地修圓覺者，知是空花，即無輪轉，亦無身心受彼生死。非作故無，本性無故。」

凡夫當然不能覺知自性無，所以才要修行圓覺。圓覺法行，即經文所說：「彼知覺者猶如虛空，知虛空者即空花相，亦不可說無知覺性。有無俱遣，是則名為淨覺隨順。」

圓覺有如虛空，因為虛空是比喻如來法身，亦即比喻佛內自證智，覺此智境即是圓覺。然而對此圓覺卻不能「有知」，亦不能「無知」。若落有知，即執實虛空，如是所覺便不成圓覺，只是行人的心想（由心建立的概念），是故經文說「知虛空者即空花相」，便是行者的心相有如空花，既如空花，其覺便不能稱之為「圓」。相反，當然亦不能對覺無知，若無知於覺，人便有同木石，是故修行圓覺便不能落有知無知兩邊，這便叫做「淨覺隨順」。

既知隨順淨覺要「有無俱遣」，經文便接着說：「何以故？虛空性故，常不動故，如來藏中無起滅故，無知見故，如法界性究竟圓滿遍十方故，是則名為因地法行。」

由此足見修行圓覺,其實是要現證如來藏的境界,更可說為是要現證如來藏中無起滅的境界,必須由入此境界得覺,才是圓覺。如來藏境界亦可方便說為法界,所以便可以由觀修法界入深般若波羅蜜多。是即為「因地法行」。

學佛欲不墮邪見,如上所說者必須了知。今日依邪見來誹謗圓覺及如來藏的人甚多,所以才是末法時代。

【經】　爾時，世尊欲重宣此義而說偈言：

文殊汝當知，　一切諸如來，
從於本因地，　皆以智慧覺。

了達於無明，　知彼如空花，
即能免流轉。　又如夢中人，

醒時不可得。　覺者如虛空，
平等不動轉，　覺遍十方界，

即得成佛道。　眾幻滅無處，
成道亦無得，　本性圓滿故。

菩薩於此中，　能發菩提心，
末世諸眾生，　修此免邪見。

【釋】　這頌文是以佛的智覺與凡夫的識覺作比對。佛的智覺平等、無動、周遍十方一切界，凡夫的識覺如夢如幻（如空花），是即經言：「妄認四大為自身相，六塵緣影為自心相」。是故證道可以說為幻滅得覺，即是由如幻心識轉為真實覺。

這裏，行者又須知密意，說幻滅，並無一個真實的幻滅之處，同時亦無一個真實的證覺之處，是故說：「眾幻滅無處，成道亦無得」。何以故？頌言：「本性圓滿故」。本性圓滿，即是本覺的覺性本然而且圓滿。否定本覺的人不肯承認本然圓滿，他們認為，假如本然有一個本覺，而且圓滿，那麼眾生一生出來便應該已經成佛，他們根本不知道「幻滅」與「成道」同時，若不經過觀修，沒可能得到幻滅，自然不能成道，不能生起本然而且圓滿的覺性。

頌文說：「菩薩於此中，能發菩提心，末世諸眾生，修此免邪見。」是即為一步一步觀修幻滅，同時一步一步令本覺顯露，於此觀修過程中即能發起勝義與世俗兩種菩提心，幻滅是世俗，成道是勝義。行人若能知此，即當不入邪見。所謂邪見，即是邪分別。修道的人假如只是一味坐禪，認為由坐禪即能令「身心脫落」，可以說是邪見，因為他們只是一味追求「佛性」。對此，故六祖慧能說「無佛性」，那就是為了對治他們的作意追求。

4、普賢問「修幻」

【經】 於是普賢菩薩在大眾中即從座起，頂禮佛足右遶三
匝，長跪叉手而白佛言：「大悲世尊，願為此會諸
菩薩眾，及為末世一切眾生修大乘者，聞此圓覺清
淨境界，云何修行？世尊，若彼眾生，知如幻者，
身心亦幻，云何以幻還修於幻？若諸幻性，一切盡
滅，則無有心，誰為修行？云何復說修行如幻？若
諸眾生本不修行，於生死中常居幻化，曾不了知如
幻境界，令妄想心云何解脫？願為末世一切眾生，
作何方便漸次修習，令諸眾生永離諸幻。」作是語
已五體投地，如是三請終而復始。

【釋】　普賢菩薩是問佛的第二位菩薩，但若以問觀修而言，則是第一位菩薩，他的問題是：如何修行此圓覺清淨境界？

為甚麼會有這個問題呢？那就是因為釋迦說一切諸法如幻。若眾生知如幻時，便不會「妄認四大為自身相，六塵緣影為自心相」。如是，既身心亦幻，那又怎能用如幻的身心來修空花如幻、無明如幻呢？

復次，若修如幻，滅一切幻，那麼眾生的身心亦滅，這樣，既滅身心，誰是修滅幻的人？又怎能說修行如幻？

更者，若眾生不作修行，只住在幻化境中生死，亦不知此為如幻境界，那麼這妄想心又如何能得解脫？

上來即是由觀修如幻引起的三個問題。

釋迦對這三個問題讚嘆，說這些問題能方便菩薩及末世眾生，得修如幻三昧以離諸幻。

觀修如來藏有三個大定，首先即是如幻定，觀修一切世間諸法如幻；其次是楞嚴定，勇猛精進突破識境，進入智境，亦即突破一切世間名言句義，悟入如來法身功德，再依法身功德觀修，悟入如來法身；最後是成佛前所修的金剛喻定，觀修具足七金剛性的智識雙運境，現證如來藏（現證深般若波羅蜜多、現證不二法門）。普賢菩薩在這裏所問，是觀修如幻定的前行，由此前行得入如幻定，那便進入觀修如來藏的法門，也可以說是進入修行圓覺大陀羅尼門。

5、釋迦教修如幻三昧

【經】　爾時，世尊告普賢菩薩言：「善哉，善哉，善男子，汝等乃能為諸菩薩及末世眾生，修習菩薩如幻三昧方便，漸次令諸眾生得離諸幻。汝今諦聽，當為汝說。」時，普賢菩薩奉教歡喜，及諸大眾默然而聽。

「善男子，一切眾生種種幻化，皆生如來圓覺妙心，猶如空花從空而有，幻花雖滅空性不壞；眾生幻心還依幻滅，諸幻盡滅覺心不動。依幻說覺亦名為幻，若說有覺猶未離幻，說無覺者亦復如是。是故，幻滅名為不動。

「善男子，一切菩薩及末世眾生，應當遠離一切幻化虛妄境界，由堅執持遠離心故，『心如幻』者亦復遠離，『遠離為幻』亦復遠離，『離遠離幻』亦復遠離，得無所離即除諸幻。譬如鑽火兩木相因，火出木盡灰飛煙滅；以幻修幻亦復如是，諸幻雖盡不入斷滅。善男子，知幻即離，不作方便；離幻即覺，亦無漸次。一切菩薩及末世眾生依此修行，如是乃能永離諸幻。」

【釋】　釋迦答普賢菩薩三問，實在是教導如何觀修如幻三昧（如幻定）。

教授之初，先指示一切幻化，皆由「如來圓覺妙心」生起。幻化出來的現象雖幻，但生起這些現象的「圓覺妙心」則非幻。

甚麼叫做如來圓覺妙心？這裏說的「如來」，實指眾生心中本具的佛性，亦即如來法身本住眾生心。華嚴宗說此本心為「不動隨緣」。法身體性（佛性）不動，但卻有隨緣之用。甯瑪派即說此為如來藏，如來藏的智境不動、無變易、不受污染，然而卻可以生起識境，這些識境依智境為基，隨緣自顯現。二者說法其實相同，只是華嚴宗並未強調如來法身為佛內自證智境。

「圓覺妙心」即是本具圓覺的妙心，因為不可思議，所以說之為妙。諸幻由此心生起，但此心本具的圓覺絕無變易，只是隨緣（隨識境中諸緣）而覺諸幻，這便與如來的不動隨緣相應，是故即將此「圓覺妙心」稱為「如來圓覺妙心」，更形象一點，便說眾生心中都有如來法身，或說眾生心中都有如來藏，並不是說眾生心中已有證覺的智、並不是說眾生心中已有如來法身顯露。

種種幻化實在是隨緣而生，以如來圓覺妙心為因（所以說是「因地」），無明為緣，於是生種種幻，《大乘起信論》便將此如來圓覺妙心比喻為海，無明比喻為風，風吹海水生起波濤，這些波濤

便是種種幻化。波濤滅時海水不滅，所以諸幻滅時覺心不滅。知道這一點十分重要，這是觀修如幻的關鍵，下來答諸菩薩所問時，都以此為關鍵，所以觀修幻心，不是滅心，只是離幻，諸幻都離，心便起覺。

然而如何離幻，釋迦答得很簡單，「知幻即離」，知道心所緣境都是空花、都是幻相，那麼便能同時離幻，此如夢醒時知夢便能同時離夢。這便是頓悟頓證。

釋迦所答如是，說為「不作方便，離幻即覺，亦無漸次」，譬如「火出木盡」。所謂「不作方便」，即是不特別建立幻滅的觀修，亦不建立起覺的觀修，是即無作意而修（不持着任何概念而修，譬如作意修空）。總的來說，即是不作意修離幻，亦不作意修覺，所以是「知幻即離」、「離幻即覺」。

由此開示便引起下來普眼菩薩的提問。

【經】　爾時，世尊欲重宣此義而說偈言：

　　　　普賢汝當知，一切諸眾生，
　　　　無始幻無明，皆從諸如來，

　　　　圓覺心建立。猶如虛空花，
　　　　依空而有相，空花若復滅，

　　　　虛空本不動。幻從諸覺生，
　　　　幻滅覺圓滿，覺心不動故。

　　　　若彼諸菩薩，及末世眾生，
　　　　常應遠離幻，諸幻悉皆離。

　　　　如木中生火，木盡火還滅，
　　　　覺則無漸次，方便亦如是。

【釋】　頌文總結修如幻的密意：一、無始以來的「幻無明」，都由如來圓覺心建立。所以在識境中的如幻諸法，可說為由如來法身生起。二、如幻識境依於如來法身而有相，此可說為依虛空而有相（因為如來法身可比喻為虛空）。是故可以決定「空花若復滅，虛空本不動」。此可譬喻，以虛空為背景生起的雲霞，於滅盡時，虛空不動。是即「幻滅覺圓滿，覺心不動故」。三、並不是有一個方便修法令覺心生起，說有「始覺」，只是為了方便，因為於離幻同時，本覺心自然圓滿，故不能說有覺心生起的次第。否定本覺的人，必然否定始覺，他們不知道這只是方便言說。主張「批判佛教」的人，由批判始覺而批判本覺，根本沒留意到這一段經文與及偈頌的開示。明明已說「覺則無漸次，方便亦如是」，那就不應該拿着「始覺」這個言說來大做文章。

6、普眼問修幻次第

【經】 於是普眼菩薩在大眾中即從座起，頂禮佛足右遶三
匝，長跪叉手而白佛言：「大悲世尊，願為此會諸
菩薩眾及為末世一切眾生，演說菩薩修行漸次，云
何思惟？云何住持？眾生未悟作何方便普令開悟？
世尊，若彼眾生無正方便及正思惟，聞佛如來說此
三昧心生迷悶，則於圓覺不能悟入。願興慈悲，為
我等輩及末世眾生假說方便。」作是語已五體投
地，如是三請終而復始。

【釋】 普眼菩薩是問佛的第三位菩薩，依問觀修道則是第
二位。他的問題是：菩薩漸次修行如幻，應該怎樣
思惟、怎樣住持依思惟而現的觀修境？復次，對未
悟如幻的眾生，有何方便能令其開悟？

普眼菩薩此問，是依「漸修頓悟」而問。如果是上
根利器，便可以無修而頓悟，而且可以頓證。上來
文殊菩薩問因地，未問觀修，那是上根之問，由佛
開示，即可以頓時悟入圓覺妙心，同時頓起本覺、
現證圓覺妙心。普賢菩薩問，怎能用如幻的身心來
修無明如幻，釋迦開示，因為如幻滅時，覺心不
滅，那亦是頓修頓證。上根利器若聞此開示，當下
便能滅無明幻，起圓覺心。由於眾生並非都是上根
利器，普眼菩薩是故即為非上根眾生問漸次方便。

何以須漸次方便，因為眾生都具「無始幻無明」，
是故眾生都以無明為緣的幻心為心。即使因佛開示

而知，幻滅覺心不滅，同時知道，此覺心本來具足，非由觀修而始有，仍然須要知道，怎樣漸次觀修才能頓時令覺心顯露。

所以普眼菩薩說：如果眾生沒有正方便及正思惟，當聞佛如來說如幻三昧時，很容易會「心生迷悶，即於圓覺不能悟入」。何以會心生迷悶？便是因為眾生已慣於依幻心緣幻境而生覺受，所以便認為離幻即無覺受可生，是即迷悶。此如眾生吃糖，必由「甜」這個概念來起覺受，復依種種名言概念來作分別，這顆糖甜、這顆糖不甜；這顆糖有果汁味、這顆糖有牛奶味……。現在說甜、不甜、果汁味、牛奶味等等，其實如幻，有如空花，那麼他們便會「迷悶」，覺得若離開這種種味時，便不能領略糖味，所以實在不知，如何離開此種種名言句義所成立的味，能得真味。普眼菩薩便是請佛「假說方便」（依言說而說方便的觀修，言說不實，故為假說），令眾生能漸次入道，得如幻三昧，由是能離名言概念而見真實。

這便是普眼菩薩問漸次修幻的方便。

7、釋迦教導修幻次第

【經】 爾時，世尊告普眼菩薩言：「善哉，善哉，善男
子，汝等乃能為諸菩薩及末世眾生，問於如來修行
漸次、思惟、住持乃至假說種種方便，汝今諦聽，
當為汝說。」時，普眼菩薩奉教歡喜，及諸大眾默
然而聽。

「善男子，彼新學菩薩及末世眾生，欲求如來淨圓
覺心，應當正念遠離諸幻，先依如來奢摩他行，堅
持禁戒，安處徒眾，宴坐靜室，恆作是念：『我今
此身四大和合，所謂髮毛、爪齒、皮肉、筋骨、髓
腦、垢色皆歸於地，唾涕、膿血、津液、涎沫、痰
淚、精氣、大小便利皆歸於水，暖氣歸火，動轉歸
風。四大各離，今者妄身當在何處？』即知此身畢
竟無體，和合為相，實同幻化。四緣假合，妄有六
根；六根、四大中外合成，妄有緣氣，於中積聚，
似有緣相假名為心。善男子，此虛妄心若無六塵則
不能有，四大分解無塵可得，於中緣塵各歸散滅，
畢竟無有緣心可見。

「善男子，彼之眾生幻身滅故幻心亦滅，幻心滅故
幻塵亦滅，幻塵滅故幻滅亦滅，幻滅滅故非幻不
滅；譬如磨鏡垢盡明現。

「善男子，當知身心皆為幻垢，垢相永滅十方清
淨。善男子，譬如清淨摩尼寶珠，映於五色，隨方
各現，諸愚癡者見彼摩尼實有五色。善男子，圓覺
淨性現於身心隨類各應，彼愚癡者說淨圓覺實有如

是，身心自相亦復如是，由此不能遠於幻化。是故我說身心幻垢，對離幻垢說名菩薩。垢盡對除，即無對垢及說名者。

【釋】　釋迦答普眼菩薩所問，說「修行漸次」，那便是思惟、住持等種種假說方便。所謂方便，那便是於本無漸次中說漸次，於無須觀修中說觀修。此例如淨土法門，本來只是一個陀羅尼門，由聲音直入常寂光土，建立方便，便建立為稱名唸佛、觀想唸佛、實相唸佛。依此，一切宗義其實都只是方便，唯識、法相、中觀、緣起等等，無一不是方便，甚至說般若，亦是方便。如來藏亦是方便，只能說是達到究竟的方便。

釋迦說漸次，由正念開始。正念即是無念，一切落於名言句義的念頭都不生起時，是即無念，這境界，佛說為本初清淨。落於名言句義的念頭是為雜念、是為戲論、是為遍計、是為二取、是為分別。一切如幻的領受皆由此種種而起，此種種的根源則是無明。欲離如幻，先須得此正思惟，依正思惟而離雜念戲論等等，便是正念。

其實依於正念，便能由離雜念等而成無念，這無念心相，便即是本初清淨圓覺心相，故無漸次可言。但若依方便，釋迦便接着說，「先依如來奢摩他行，堅持禁戒，安處徒眾，宴坐靜室」。「奢摩他」（śamatha）是「止」，止觀的止，心緣一境界，不作分別，是即「奢摩他行」，行者持戒安居

而作修行，依次修二無我（人無我、法無我），亦
名二空觀（人我空、法我空）。

此處修人無我，先修身無我，亦即依三十七道品的
身念住而行，觀一身為四大和合所成，假名為我，
離四大實無身可得，亦無我可得，身與我，便是上
來經文所說的「妄認四大為自身相」

接着修心無我。如何為心，經言：「四緣假合，妄
有六根；六根、四大，中外合成，妄有緣氣，於中
積聚，似有緣相，假名為心。」這是說以四大為緣
而成六根，六根與四大合成（中外合成，即內外合
成），於是有能緣之氣（佛家說心氣無二，故有能
緣之心，即有能緣之氣）。此時六根似有能緣之
相，六識依之起用，起分別的功能，於是執六塵為
所緣境。此能緣之氣積聚，假名為心。這便是上來
經文所說的「（妄認）六塵緣影為自心相」。

上來的觀身無我與心無我，便知實無自我可得，由
是修人我空竟。接下來即修法無我。

修法無我，實以人無我為基礎，所以先以智觀察外
身、內心，都同幻化，於幻身滅時、幻心滅時，幻
塵亦滅，幻塵既滅，幻滅亦滅。

所謂幻滅亦滅，即是無有滅幻之智，若持空見來滅
幻，這空見亦須滅去；若持緣起見來滅幻，這緣起
見亦須滅去，如是等等，是故一切宗義皆不可得。
中觀應成派不立宗義，應論敵的宗義而成破，所以
究竟。大中觀亦不立宗義，更無二諦，不過不破敵

論，只是超越敵論，所以究竟。

再接下來，釋迦便說滅幻之理，經言：「幻滅滅故，非幻不滅。譬如磨鏡，垢盡明現。」這是說，雖然無「幻滅」（無令幻滅之智），但不能說幻不滅。以磨銅鏡為喻，只須去磨，鏡垢便盡，鏡垢盡時，鏡便本然明現。「幻滅」即如磨鏡，磨鏡其實亦如幻，只能說是「幻作」，一如世間萬事都為幻作，但此幻作縱然亦滅，他亦有滅幻的功能，所以磨鏡便有除去鏡垢，令鏡明現的功能。

由於此理，下文便可說法界為何。

8、釋迦説法界觀

【經】　「善男子，此菩薩及末世眾生，證得諸幻滅影像
故，爾時便得無方清淨，無邊虛空覺所顯發。覺圓
明故顯心清淨，心清淨故見塵清淨，見清淨故眼根
清淨，根清淨故眼識清淨，識清淨故聞塵清淨，聞
清淨故耳根清淨，根清淨故耳識清淨，識清淨故覺
塵清淨；如是乃至鼻、舌、身、意亦復如是。善男
子，根清淨故色塵清淨，色清淨故聲塵清淨，香、
味、觸、法亦復如是。

「善男子，六塵清淨故地大清淨，地清淨故水大清
淨，火大、風大亦復如是。善男子，四大清淨故，
十二處、十八界、二十五有清淨。彼清淨故，十
力、四無所畏、四無礙智、佛十八不共法、三十七
助道品清淨，如是乃至八萬四千陀羅尼門一切清
淨。

「善男子，一切實相性清淨故一身清淨，一身清淨
故多身清淨，多身清淨故如是乃至十方眾生圓覺清
淨。善男子，一世界清淨故多世界清淨，多世界清
淨故，如是乃至盡於虛空，圓裹三世，一切平等清
淨不動。

「善男子，虛空如是平等不動，當知覺性平等不
動；四大不動故，當知覺性平等不動；如是乃至八
萬四千陀羅尼門平等不動，當知覺性平等不動。善
男子，覺性遍滿清淨不動。圓無際故，當知六根遍
滿法界；根遍滿故，當知六塵遍滿法界；塵遍滿

故，當知四大遍滿法界；如是乃至陀羅尼門遍滿法界。善男子，由彼妙覺性遍滿故，根性、塵性無壞無雜；根、塵無壞故，如是乃至陀羅尼門無壞無雜；如百千燈光照一室，其光遍滿無壞無雜。善男子，覺成就故，當知菩薩不與法縛，不求法脫，不厭生死，不愛涅槃，不敬持戒，不憎毀禁，不重久習，不輕初學。何以故？一切覺故，譬如眼光曉了前境，其光圓滿得無憎愛，何以故？光體無二無憎愛故。

【釋】　一切幻相永滅，便得清淨，這清淨的境界即是法
界。但法界亦能顯現幻相，所以如來法身上便能有
種種識境隨緣自顯現，釋迦用清淨摩尼寶珠為喻，
寶珠可以映出五色，此五色無非幻相，可是愚癡的
人卻說寶珠實有五色。對現代人應以水晶為喻，水
晶只是映出五色，並不是具有五色。我們看水晶這
點是紅，換一個方向來看卻是藍，便應知紅色、藍
色都不是水晶的本色，所以世間一切顯現，並不是
法界的本相顯現，只是幻相。有如暗中見水晶，色
光不顯，那便是幻相得滅，所見即為水晶的清淨
相，亦即能以圓覺妙心覺知法界。

關於法界，實不能用言說來形容，因為明明說是不
可思議境界，可是許多人卻偏想用言說來為法界作
定義，因為說得玄，所以反而將法界弄得不明不
白，其實法界非常簡單，就是佛內自證智境界，也
可以說是證智成佛的智境，對這境界，不能用任何
言說來形容，佛亦不能，因為佛亦只能用圓覺妙心
來覺知這個境界。若要言說時，佛可以將此智境說
為佛身，亦可說為佛智，更可隨緣安立為法界。此
身、智、界三者，無有分別，同樣是一個境界（境
界即無實體）。能這樣如實理解法界，便無須用多
重觀想來作法界觀。

於本經中，先說菩薩身心於法界中顯現，實即說菩
薩於法界中證智。若能證智，便見身心都是圓覺淨
性，此時即離一切幻垢。這就好像見到水晶光點的
人，不實執此點為紅色，那點為藍色，紅與藍都是

幻相，若執着紅色的一點，藍色的一點，那便落於幻垢，若知無論紅藍，都是隨緣自顯現的幻相，並不真實，換一個角度來看，紅、藍兩點光色可以變成藍、紅，那便見到水晶光點的實相，如是即名離幻垢。所以幻垢並非法界本身所有，只是人由心識在法界上虛構成幻，幻相由心自造，亦可由心解脫。

由是接着說心離幻垢後的三重抉擇，用以決定法界。

第一重抉擇是離言。依經文的次第，由得圓覺便可以抉擇自心清淨，由自心清淨便可以抉擇六塵清淨，此二者清淨即是能所清淨。覺不落能所，既無能取之心，便無所取的六塵。

由心清淨便見六根清淨，由六根清淨便見六識清淨。由六塵清淨便見地水火風四大清淨，由四大清淨便見十二處、十八界、二十五有清淨。二十五有即是「四洲四惡趣，六欲併梵天，四禪四空處，無想阿那含」，此二十五處已包含三界一切世間。

由此一切世間清淨，便見出世間諸法如「十力、四無所畏、四無礙智、佛十八不共法、三十七助道品清淨，如是乃至八萬四千陀羅尼門一切清淨。」

凡此所說清淨，其實都是離名言句義而得清淨，因為既離名言句義便無分別、無作意。所以經文接着說「一切實相性清淨故，一身清淨；一身清淨故，多身清淨；多身清淨故，如是乃至十方眾生圓覺清淨。」若作推廣，便可由身推至世界，說言「一世界清淨故，多世界清淨；多世界清淨故，如是乃至

盡於虛空，圓裏三世，一切平等清淨不動。」這裏說「盡於虛空」，即是周遍一切界，說「圓裏三世」，即是超越過去、現在、未來三時，既對時空都依圓覺而覺，便能證入離言的清淨大平等性而無變異，是即證入法界。

第二重抉擇是證法界的覺性無礙、無變異。

既得證入法界，那麼，證入法界的覺性又復如何？

經言「虛空如是平等不動；當知覺性平等不動；四大不動，當知覺性平等不動；如是乃至八萬四千陀羅尼門平等不動，當知覺性平等不動。」

此由虛空、四大，乃至八萬四千陀羅尼門的平等不動，來決定覺性的平等不動。亦即由輪迴涅槃的一切法平等不動來決定覺性。

說為平等，便是無礙，因為若不平等，便有高低、上下的分別，是即不能周遍，不周遍便成障礙。此如水晶，若執實一個角度來看，便只見到此點顯為紅色，那點顯為藍色。這樣便因執實角度而成障礙，不能見到水晶每點都可顯現為種種色，若無此種人為障礙，即能見水晶上諸色周遍，這樣便是平等。

說為不動，便是無變異，一切法於法界中顯現，法界不受一切法的名言句義污染。此如水晶，一點顯現為紅色，但並未污染水晶變為紅，水晶依然是清淨的水晶，這樣就可說為不動。

這種觀想，華嚴宗說為「理事無礙」，覺性是理，虛空四大等是事，理與事都平等不動，是故兩不相礙。

第三重抉擇是觀法界含容一切法。

由上來抉擇，現證覺性周遍法界清淨不動，便當知一切法亦周遍法界，六根、六塵、四大周遍，乃至陀羅尼門周遍法界，因為一切法都由覺性顯現，而且如上文所言，圓滿三界、圓融三世。

如是，由妙覺性遍滿法界，而知根塵雜遍滿法界無壞無雜，乃至陀羅尼門遍滿法界無壞無雜，這便是法界非一非異。由一統攝種種法，由種種法而成為一，這樣一來便可以說，法界與一切法無有分別，或說一切法無有分別即是法界性。華嚴宗依此說為「事事無礙」，這便如「百千燈光照一室，其光遍滿，無壞無雜」，因為燈光不礙燈光，一光入眾光而無壞，眾光入一光而無雜。

不只《圓覺經》，其實凡說了義經時，佛都指出在塵影如幻的世間中，一切法都融於法界，同時，離塵影世間的無為法境界，以及報身佛的諸淨土，化身佛的諸化土，亦都融入法界。總的來說，凡有幻相顯現者，悉皆融入法界，這便是觀修如幻的現證。

這三重抉擇，用甯瑪派的道名言來說，第一重離言，即是建立清淨；第二重決定覺性，即是建立大平等性；第三重觀法界含容一切法，即是如來法身及其功德周遍一切法，這便亦是大圓滿道之所現證。人圓滿三句義即依此次第而說，第一重抉擇是「本性清淨」，第二重抉擇是「自相任運」，第三重抉擇是「大悲周遍」。

9、釋迦說離幻法界觀

【經】　「善男子，此菩薩及末世眾生，修習此心得成就者，於此無修亦無成就。圓覺普照寂滅無二，於中百千萬億不可說阿僧祇恆河沙諸佛世界，猶如空花亂起、亂滅，不即、不離，無縛、無脫；始知眾生本來成佛，生死涅槃猶如昨夢。善男子，如昨夢故，當知生死及與涅槃無起、無滅、無來、無去，其所證者無得、無失、無取、無捨，其能證者無住、無止、無作、無滅，於此證中無能、無所，畢竟無證亦無證者，一切法性平等不壞。善男子，彼諸菩薩如是修行，如是漸次，如是思惟，如是住持，如是方便，如是開悟，求如是法，亦不迷悶。」

【釋】　由上來觀修，菩薩圓覺成就，得圓覺果。菩薩所得果與佛相同，得一切覺。一切覺即是覺性周遍一切法，與一切法無雜無壞，一切法入覺性而無雜，覺性入一切法而無壞，所以菩薩不受法縛，亦不求得法解脫。

或問，何以菩薩的圓覺成就可以與佛相同？因為圓覺一性，並不因證覺的人而異，所以菩薩之所證即同佛之所證。這可以作一譬喻，一人在廣大平野上見日光，另一人則在暗室中窺見一隙日光，二人所見都是日光，日光唯一無有分別，所以不能說前者見的是日光，後者見的不是日光，二者差別，只是日光的廣仄不同。

既菩薩圓覺性與佛相同，所以功德便亦相同，說為「不求法脫、不厭生死」如是等等。

經文接着說覺性平等，因為是一切覺，所以便等同佛的覺性周遍法界。以眼光為喻，「曉了前境」，即是眼光明見現前境界，所見必然平等，因為眼光不會只見眼前的花，不見眼前的葉；不會只見眼前的人家，不見眼前的小徑，所以說「光體無二、無憎愛故」。

因為覺性平等入一切法，所以亦可用圓覺來覺心識，是即菩薩觀照自己的心，由是而得寂滅，寂滅境界亦一味平等，所以說無修、無成就（無真實可修之修，無真實可證之果，是故个作意於修，亦不作意於證果）。這種證智境界（亦可以說是心識境界），說為「圓覺普照，寂滅無二」。

經文接着說「普照」，那便是遍照法界，「**百千萬阿僧祇不可說恆河沙諸佛世界**」。這裏說的諸佛世界，既包括法身佛的法界，亦包括報身佛的報土，化身佛的化土，即是廣包含法界與法界中的一切界。諸佛世界實亦猶如空花，報土與化土皆有起有滅，與法界不即不離、無縛無脫。在這樣的圓覺普照境界中，「**始知眾生本來成佛，生死涅槃猶如昨夢**」。

眾生本來成佛，是如來藏思想，不過在如來藏系列經中並未明說。但說眾生心性實在即是佛性，這便亦是說眾生本來是佛。甯瑪派的大圓滿道，以清淨大平等性為見地，於見地中亦說眾生本來是佛，其阿賴耶識本來是如來藏，故有「如來藏藏識」之名。

接着，即依圓覺心識（如來藏心識、如來藏藏識）來說心識境界。於境界中，生死涅槃無起無滅，無來無去，這恰恰便是如來藏境界。

境界中遠離能所。若說有所證，然而「**其所證者，無得無失，無取無捨**」，是即等於無所證；若說有能證，然而「**其能證者，無作無止，無任無滅**」，是即等於無能證，所以經言「**無能無所，畢竟無證，亦無證者**」。總的來說，便是一個「**一切法性平等不壞**」的境界，這便與清淨大平等性相同。

總結，佛說漸次修行，即說先須知所修為如幻三昧，由是應當正念，遠離諸幻，然後依止如來奢摩他行，堅持禁戒而淨修。這是初入道的修行。

接着是思惟，觀身為四大和合，如同幻化；觀心緣於習氣，所見如幻。由此思惟而成身心俱幻的境界。

再接着是住持，即是觀修離幻，由是成就方便，現觀外境六塵清淨，內身根識清淨，內外（「中外」）四大清淨，世出世法清淨，乃至八萬四千陀羅尼門遍滿清淨（一切法異門即使言說不淨，密意實亦清淨）。於是即能住入覺性周遍的平等性，現證六根、六塵遍滿法界，乃至陀羅尼門遍滿法界。由此現證，即住入清淨大平等性。知眾生本來是佛，生死涅槃如夢。

方便觀修本淨圓覺離幻，即是如是。

【經】　爾時，世尊欲重宣此義而說偈言：

普眼汝當知，一切諸眾生，
身心皆如幻，身相屬四大，

心性歸六塵。四大體各離，
誰為和合者？如是漸修行，

一切悉清淨。不動遍法界，
無作止任滅，亦無能證者。

一切佛世界，猶如虛空花，
三世悉平等，畢竟無來去。

初發心菩薩，及末世眾生，
欲求入佛道，應如是修習。

【釋】　人的無明在於妄執身心，是故禪家即說「身心脫落」。凡夫執四大為自身相，執六塵影相為自心相，是故去除身相須離四大，去除心相須離六塵。由此發端漸次修行，即能次第證入法界。說是證入，實則無作（離作意）、無止（無所住）、無任（不隨任）、無滅（非求滅）、是故亦無能證。既無能證，即無所證，如是即知佛界如虛空花，三世（三時）平等。

10、金剛藏問「本來成佛」與無明

【經】 於是金剛藏菩薩在大眾中即從座起，頂禮佛足右遶三匝，長跪叉手而白佛言：「大悲世尊，善為一切諸菩薩眾宣揚如來圓覺清淨大陀羅尼、因地法行漸次方便，與諸眾生開發蒙昧；在會法眾承佛慈誨，幻翳朗然，慧目清淨。世尊，若諸眾生本來成佛，何故復有一切無明？若諸無明眾生本有，何因緣故，如來復說本來成佛？十方異生本成佛道，後起無明；一切如來，何時復生一切煩惱？唯願不捨無遮大慈，為諸菩薩開祕密藏，及為末世一切眾生，得聞如是修多羅教了義法門，永斷疑悔。」作是語已五體投地，如是三請終而復始。

【釋】　第四位問佛菩薩是金剛藏，依問觀修道則是第三位。關於這位菩薩的名號，應可略說其義。

佛經每說「金剛」，實在是指一秘密境界。甚深法門不向非根器適宜的人宣說，便可以說為「秘」；由言說來宣示，而言說中廣含密意，便可以說為「密」。所以「金剛藏」其實便是「秘密藏」，所指即是如來藏。

金剛藏問佛，先說「大悲世尊，善為一切諸菩薩眾，宣揚如來圓覺清淨大陀羅尼，因地法行漸次方便，與諸眾生開發蒙昧。」這裏說的「如來圓覺清淨大陀羅尼」，實在即是如來藏法門，在答普眼菩薩問時，已經指出如來圓覺的智境便即是如來藏，所以，「如來圓覺清淨」便是說如來藏本初清淨，周遍法界。

在答普眼菩薩問時，佛着重指出諸眾生本來成佛，此即謂諸眾生心性，實具圓覺所覺的佛性、法性，這一點，便可以說是如來藏的秘密，由此秘密，便可以說為金剛藏。在佛經中，凡專說如來藏功德，多用金剛藏此名言來說，因為金剛具有七種功德，可以逐一分析，分析後便知所說的，即是如來法身與法身功德雙運境界的功德。

金剛七功德為：1無瑕，此指法身清淨，無有瑕垢；2無壞，此指法身及其功德不可壞滅；3無虛，此指如來法身因具有功德，可以成就一切世間；4無染，此指如來法身上雖有一切世間自顯

現，但一切世間的雜染，不能污染如來法身；5 無動，如來法身功德成就世間，而不因此而動搖，所以功德常在，不生不滅；6 無礙，如來法身及功德周遍法界，無有障礙；7 無能勝，法身及其功德具清淨大平等性，是故更無能超越此性者，即無能勝。

金剛藏菩薩問佛，實在是請佛開示秘密藏。秘密藏中最難理解的一點，便是諸眾生本來成佛。這疑點，時至今日依然有諸多存疑，比如說，如果眾生本來成佛，那還為甚麼要學佛。又比如說，如果眾生心識中已有佛性、已有本初清淨圓覺性，那修法為的是甚麼，難道便是要現證已存在的性。諸如此類，便成為誹謗如來藏的依據。對此存疑的人，最不滿是說「眾生」成佛，他們認為只有人才能成佛，所以連密乘將夜叉族說之為佛，便大為不滿，認為是邪說。這其實是他們執着自我的人本主義，失去大平等性。

金剛藏菩薩問三個問題——

第一，如果眾生本來成佛，何以眾生還有無明？

第二，如果眾生本有無明，何以說眾生本來成佛？

第三，如果「十方異生」本來成佛，無明只是後起，那便是成佛後還生起無明。何以如來還會生起煩惱？

這三個問題，是對佛所說法生疑，佛既說要離幻才能得圓覺成佛，然而，既已本來成佛，何以還會再落幻境，這樣豈不是成為一連串的：入幻→離幻→入幻→離幻→……。

這疑問，便可以牽涉到對如來藏生疑。因為再不能說為無染、無動、無礙等等，這樣便等於動搖了如來法身功德，甚至污染了如來法身。

下來且看釋迦世尊如何解答此疑。

11、釋迦說圓覺不動

【經】 爾時，世尊告金剛藏菩薩言：「善哉，善哉，善男子，汝等乃能為諸菩薩及末世眾生，問於如來甚深祕密究竟方便，是諸菩薩最上教誨了義大乘，能使十方修學菩薩及諸末世一切眾生，得決定信，永斷疑悔。汝今諦聽，當為汝說。」時，金剛藏菩薩奉教歡喜，及諸大眾默然而聽。

「善男子，一切世界始終、生滅、前後、有無、聚散、起止，念念相續，循環往復，種種取捨，皆是輪迴。

「未出輪迴而辨圓覺，彼圓覺性即同流轉，若免輪迴，無有是處。譬如動目能搖湛水、又如定眼猶迴轉火、雲駛月運、舟行岸移亦復如是。善男子，諸旋未息，彼物先住尚不可得，何況輪轉生死垢心曾未清淨，觀佛圓覺而不旋復。是故汝等便生三惑。

「善男子，譬如患翳妄見空花，患翳若除，不可說言：『此翳已滅，何時更起一切諸翳？』何以故？翳花二法非相待故。亦如空花滅於空時，不可說言虛空何時更起空花？何以故？空本無花非起滅故。生死涅槃同於起滅，妙覺圓照離於花翳。善男子，當知虛空非是暫有亦非暫無，況復如來圓覺隨順而為虛空平等本性。

「善男子，如銷金鑛，金非銷有；既已成金不重為鑛，經無窮時金性不壞。不應說言本非成就，如來

圓覺亦復如是。善男子，一切如來妙圓覺心本無菩提及與涅槃，亦無成佛及不成佛，無妄輪迴及非輪迴。

「善男子，但諸聲聞所圓境界身心語言皆悉斷滅，終不能至彼之親證所現涅槃，何況能以有思惟心測度如來圓覺境界。如取螢火燒須彌山，終不能著；以輪迴心生輪迴見，入於如來大寂滅海，終不能至。是故我說一切菩薩及末世眾生，先斷無始輪迴根本。善男子，有作思惟從有心起，皆是六塵，妄想緣氣，非實心體，已如空花。用此思惟辨於佛境，猶如空花復結空果，展轉妄想無有是處。善男子，虛妄浮心多諸巧見，不能成就圓覺方便。如是分別，非為正問。」

【釋】　釋迦答金剛藏，先說何以眾生具圓覺性依然輪迴。
此答是解釋金剛藏三個疑難的關鍵。

輪迴界一切法落於相對而成立，所以有始終、生
滅、前後、有無、聚散、起止等等相對法，而且住
於相對法內。這些相對無非都是如幻的妄境，眾生
將如幻妄境取為「我所」，由是「自我」即成妄
心，妄心念念相續，循環往復而作取捨，如是即成
輪迴。於輪迴中，本來清淨的圓覺心亦同時輪迴，
這輪迴的圓覺心雖然未失圓覺，但圓覺卻不顯露，
反而顯現為無明狀態。佛說譬喻，不斷眨眼，靜止
的水都被會看成流動；定眼而看，一把旋轉的火就
會被看成火輪；天上浮雲流動，會被看成是月亮運
行；舟船行駛，會被看成是河岸移動。由這四個
例，便可說明圓覺之覺已被覆蓋，是故心性現為無
明，自然就會錯認流水、旋火、月動、岸移。但圓
覺之性其實此時未變，只能說受到覆蔽，現為如幻
妄心。由此便有金剛藏菩薩的三疑。

金剛藏初疑，若眾生本來成佛，何以眾生還有無
明？若明上來所說之理，便應可以釋疑。眾生由相
觀待而起妄相（如岸與舟相觀待見岸移相），由是
而起無明，所以才會妄見種種虛妄相。既離相依相
對，即知圓覺心非與妄心妄相相對。

不過，釋迦仍然用譬喻來作解釋。

金剛藏問，眾生本來成佛何以還有無明，設喻來問
就是：眾生已無翳眼，為甚麼還會起翳？此則應

知，因為本來成佛的眾生，只是自性本來涅槃，猶如眼本清淨無翳，現在眾生並未用清淨眼來見，只用落於相觀待的妄見而見，由是妄見生死而成無明。清淨眼不可說為有為無，只是本然的存在，不同於依相對而起的妄相。無明所見的如幻相，則可以說為虛無，所以清淨相並非與空花相對，亦可以說虛妄心並非與圓覺心相對，此二者不成觀待，所以金剛藏的疑問不能成立。

釋迦由是結成，說為「生死涅槃同於起滅，妙覺圓照離於花翳。」妄見生死即是翳眼見空花起，悟入涅槃猶如翳除見花滅，由是當知虛空非暫有暫無，如來圓覺隨順虛空平等本性。這便是釋迦的開示：以虛空為喻，並不是因離空花而成暫有，因離眼翳而成暫無，所以本淨圓覺妙心並不因翳與花而動搖，以無動故，便成如來法身，可以決定，這如來法身既不與空花相依相對，是故虛空大平等性永恆。

或有人質疑，說虛空大平等性永恆，是否落於常見。答言：不落。因為虛空大平等性不落現象，只是一個境界，對境界不能說常說斷。

釋迦次喻。譬喻銷熔金礦而得金，金並不是因銷熔而成為有，所以離一切幻垢得證圓覺性，圓覺性並非因離幻始有，實為本有，一如黃金於礦石中本有。既已銷熔成金，就不能說黃金可以再成礦石，所以既已證成圓覺，就不能說圓覺再變為無明。

這個譬喻，就回答了金剛藏兩個疑問。

如果眾生本有無明，何以說眾生本來成佛？由金礦喻當知，眾生並不是本有無明，一如金礦並不是本有礦石而無黃金，正因為本有黃金，才可以說眾生本來成佛。

如果「十方異生」本來成佛，無明只是後起，那便是成佛後還生起無明。何以如來還會生起煩惱？說十方異生本來成佛，有如說：金礦本有黃金，並不是說黃金生起礦石。所以不能說本來成佛，由成佛的圓覺心後起無明。

由金礦喻可以決定，圓覺妙心並非新生，本來具足。

對這決定，亦有人質疑，既然是本有，那麼一切觀修便「本非成就」。應知觀修的功能是破除無明，得令圓覺性顯露，一如銷熔礦石令黃金顯露。更且，一如成金之後不復成礦，所以現證本淨平等圓覺性之後，此圓覺性便不會再起無明。

關於這個問題，還可以補充經文而說。因為有人還會質疑，既然有一個本初圓覺妙心，這圓覺心，必須有無明生起，然後才令這本初心變成無明妄心。用你的譬喻來說，本初既有黃金，因有土埋致令黃金成為礦中金，那麼，本初的圓覺妙心既已為無明所掩埋，怎能說我們現在還有本初的圓覺妙心呢？

答這個問題，其實很簡單。一塊黃金埋在土中，無論經多少劫都不會成礦，所以無論歷多少劫、經多

少次輪迴，圓覺心始終是圓覺心。於本初，眾生的圓覺妙心實由業力而成覆蓋，因為眾生一生下來便同時具有身、語、意三業，因為眾生必須隨緣而任運圓成，其任運便須作業，不作業則無法適應相礙，任運不成，生命亦不成顯現，所以無明只是覆蓋了圓覺妙心，並不是污染了圓覺妙心。觀修只是除去覆蓋，所以說是除障。

經文接着勸告，不能用劣慧來測度深智，一如不能用螢光來燒須彌山。不用輪迴心生輪迴見，來測度如來的圓覺。欲證圓覺，須斷除輪迴根本，所謂輪迴見，即是六塵妄想所緣習氣。由妄心可以生起種種巧詐，此如質疑圓覺、質疑如來藏的妄說，由巧詐心將此妄說建立得似乎頭頭是道，實際上只是種種曲解。此一切曲解，無非只是分別，「如是分別，非為正問」。

總的來說，欲求寂滅，須先斷無始輪迴根本，這輪迴根本，便是以輪迴心生輪迴見。由釋迦此答，引起下來彌勒菩薩所問。

【經】　爾時，世尊欲重宣此義而說偈言：

金剛藏當知，如來寂滅性，
未曾有終始。若以輪迴心，

思惟即旋復，但至輪迴際，
不能入佛海。譬如銷金鑛，

金非銷故有，雖復本來金，
終以銷成就，一成真金體，

不復重為鑛。生死與涅槃，
凡夫及諸佛，同為空花相。

思惟猶幻化，何況詰虛妄。
若能了此心，然後求圓覺。

【釋】　頌文是說如來本性寂滅，離始離終（離一切世間現象），是故不應用輪迴心來猜度。此如來本性由去除無明而言，一如金鑛，去除鑛石而現黃金。黃金既成，則不復為鑛，是即如來本性恆在。

生死涅槃皆空花相，由是而知世俗相與思維皆是空花，猶如幻化。由知虛妄，即能了此心（了知凡夫心性虛妄），然後求修圓覺。

12、彌勒問斷輪迴根本

【經】　於是彌勒菩薩在大眾中即從座起，頂禮佛足右遶三
匝，長跪叉手而白佛言：「大悲世尊，廣為菩薩開
祕密藏，令諸大眾深悟輪迴、分別邪正，能施末世
一切眾生無畏道眼，於大涅槃生決定信，無復重隨
輪轉境界起循環見。世尊，若諸菩薩及末世眾生，
欲遊如來大寂滅海，云何當斷輪迴根本？於諸輪迴
有幾種性？修佛菩提幾等差別？迴入塵勞，當設幾
種教化方便度諸眾生？唯願不捨救世大悲，令諸修
行一切菩薩及末世眾生，慧目肅清照曜心鏡，圓悟
如來無上知見。」作是語已五體投地，如是三請終
而復始。

【釋】　第五位問佛的菩薩是彌勒，依問觀修道則是第四位。

由前章所答，引出一個觀修上的重要問題，一切有情都須先斷輪迴根本，然後才得證圓覺，然則如何斷輪迴根本呢？前章只是說，輪迴根本即是由輪迴見生輪迴心，那麼，又如何除去輪迴見。由是便有彌勒菩薩的三問。

於全部佛經中有一個通例，凡牽涉到觀修，必由彌勒菩薩問佛，在般若系列經中，無不如是，其餘諸經，亦必由彌勒菩薩問觀修，說觀修。現在便由彌勒菩薩問到這關鍵性的問題。此即當如何斷輪迴根本，由此問題便成三問。

彌勒先問「於諸輪迴有幾種性」，那是因為前面答金剛藏所問時，釋迦提到種種取捨皆是輪迴，是即種種取捨便應有種種輪迴性，由是彌勒即問及此點。

彌勒再問，於觀修圓覺時「修佛菩提幾等差別」？這不是問圓覺有幾種差別，而是問觀修有多少種差別。

彌勒三問，「當設幾種教化方便度諸眾生」？這是依前問而問，若觀修圓覺有不同差別，便應有不同的教化方便，所以便問，佛應該設施多少種方便來教化。

彌勒菩薩說教化，成立了一個瑜伽行的系統，即是《瑜伽師地論》以及《解深密經》所說。這個系統可以分為法相與唯識兩分，法相詳說蘊、處、界中

種種現象與狀態，但關於心理狀態，則說為唯識。
所以唯識並不是彌勒瑜伽行的整體，只是瑜伽行中
說法相的一分。在一些論中，有時將「唯識」說為
「瑜伽行」，那是由總來說別；有時又將「瑜伽
行」說為「唯識」，那是由別來說總，並不等於將
二者相等。釋迦於三轉法輪時詳說唯識，那是因為
三轉法輪才說到深般若波羅蜜多、如來藏、不二法
門的觀修，既然談到觀修，自然便牽涉到心理狀
態，因此「唯識」在三轉法輪中只是一分，並非轉
法輪的主題，現代有些唯識學家，認為三轉法輪的
主題是說唯識，並且將唯識包括整個瑜伽行，那只
是對自宗的標榜而已。釋迦與彌勒都沒有料到會出
現這樣的斷章取義，更沒有料到由斷章取義，會做
成否定瑜伽行的果，即由唯識來否定如來藏。

這樣說並不是輕視唯識，凡佛所說皆不應輕視，但
學人卻不宜拿出佛所說的一分，來為自宗作標榜，
一標榜就必有惡果，所以才會做成現代學人誹撥如
來藏的惡行。

現在回頭再看彌勒的問題，問輪迴性，自然與眾生
的心識相關，這便應該理解唯識。問修圓覺有幾種
差別，那便牽涉到眾生的種姓，這亦與唯識有關。
甚至問到有多少種教化方便，其實亦牽涉到唯識。
如是三問皆牽涉唯識，其實主要是牽涉到無分別阿
賴耶識，也牽涉到不顯現出分別性的阿賴耶，所以
才建立「種子」來說阿賴耶與阿賴耶識，能這樣理
解，便知道不能引唯識來以偏蓋全。

13、釋迦說斷輪迴根本

【經】　爾時，世尊告彌勒菩薩言：「善哉，善哉，善男子，汝等乃能為諸菩薩及末世眾生，請問如來深奧祕密微妙之義，令諸菩薩潔清慧目，及令一切末世眾生永斷輪迴，心悟實相，具無生忍。汝今諦聽，當為汝說。」時，彌勒菩薩奉教歡喜，及諸大眾默然而聽。

「善男子，一切眾生從無始際，由有種種恩愛、貪欲故有輪迴。若諸世界一切種性，卵生、胎生、濕生、化生，皆因婬欲而正性命，當知輪迴愛為根本。由有諸欲，助發愛性，是故能令生死相續。欲因愛生，命因欲有，眾生愛命還依欲本；愛欲為因，愛命為果。由於欲境起諸違順，境背愛心而生憎嫉，造種種業，是故復生地獄餓鬼；知欲可厭，愛厭業道，捨惡樂善，復現天人；又知諸愛可厭惡故，棄愛樂捨，還滋愛本，便現有為增上善果，皆輪迴故，不成聖道。是故眾生欲脫生死免諸輪迴，先斷貪欲及除愛渴。

「善男子，菩薩變化示現世間非愛為本，但以慈悲令彼捨愛，假諸貪欲而入生死。若諸末世一切眾生能捨諸欲，及除憎愛永斷輪迴，勤求如來圓覺境界，於清淨心便得開悟。

「善男子，一切眾生由本貪欲，發揮無明顯出五性，差別不等；依二種障，而現深淺。云何二障？一者理障，礙正知見，二者事障，續諸生死。云何

五性？善男子，若此二障未得斷滅名未成佛；若諸眾生永捨貪欲，先除事障未斷理障，但能悟入聲聞、緣覺，未能顯住菩薩境界。善男子，若諸末世一切眾生，欲泛如來大圓覺海，先當發願勤斷二障，二障已伏即能悟入菩薩境界；若事、理障已永斷滅即入如來微妙圓覺，滿足菩提及大涅槃。善男子，一切眾生皆證圓覺，逢善知識依彼所作因地法行，爾時修習便有頓漸；若遇如來無上菩提正修行路，根無大小皆成佛果；若諸眾生雖求善友遇邪見者，未得正悟，是則名為外道種性，邪師過謬，非眾生咎。是名眾生五性差別。

「善男子，菩薩唯以大悲方便入諸世間開發未悟，乃至示現種種形相逆順境界，與其同事化令成佛，皆依無始清淨願力。若諸末世一切眾生於大圓覺起增上心，當發菩薩清淨大願，應作是言：『願我今者住佛圓覺，求善知識，莫值外道及與二乘。』依願修行，漸斷諸障，障盡願滿，便登解脫清淨法殿，證大圓覺妙莊嚴域。」

【釋】　釋迦答彌勒，先讚他能「請問如來深奧秘密微妙之義」，由是令眾生：1 永斷輪迴；2 心悟實相；3 具無生忍。此三者，即是觀修如來深奧秘密微妙義所得之果。下來所答，實亦具此義果而說。

釋迦先說輪迴根源之問。輪迴根源實由「種種恩愛貪欲」，例如四生「皆因婬欲而正性命」（由淫欲而正得性命，試管嬰兒便非正得性命），所以便即是以「愛為根本」，因為「由有諸欲，助發愛性」。輪迴的根源便以「愛欲為因，愛命為果」，以此因果，即可以分輪迴性。輪迴性說為三種，惡種性生下三道、善種性生上三道、增上善種性得增上善果。這便是三種輪迴，未成聖道，因為他們都落貪欲與愛渴。

關於增上善種性，應該略說。此種性知道諸愛可厭，所以「棄愛樂捨」，那便是修四禪八定來捨離愛欲，可是卻依舊不能得到解脫，因為他們只能捨粗身而成細身、捨粗心而成細心，依然有身心，有身心便不能成無為，只能於有漏有為法中得增上善果，是故不能於無漏無為中解脫。

上來答第一問竟。

答第二問種姓。先說菩薩的示現，他們在世間示現，並非以愛為本，只是以慈悲令眾生捨愛，示現貪欲相而入生死輪迴。在《華嚴經》中說善才童子的五十三參，便已詳說菩薩的示現，即使現為貪、瞋、癡相，亦只是以慈悲令眾生捨愛。

欲知菩薩修圓覺有幾種差別，便須先知眾生的差別，眾生有五種姓：凡夫種姓、二乘種姓、菩薩種姓、不定種姓、外道種姓。此五種姓皆有二障，只是深淺不同。二障者，一為理障，即所知障；一為事障，即煩惱障。由理障妨礙正知見，由事障令生死相續。

佛即由二障說五種姓——

1　凡夫種姓：二障未得斷滅，未能成佛。

2　二乘種姓：只除事障，未斷理障，故未住菩薩地。

3　菩薩種姓：發願斷除二障，二障伏時入菩薩地。其後永斷二障，即入如來微妙圓覺，得大菩提及大涅槃。

4　不定種姓：眾生入道依根器，依根器而作因地法行，所以或入緣覺，或入聲聞，或入菩薩道，且有頓漸分別，是故說為不定。雖然不定，但終能現證圓覺。

5　外道種姓：遇邪見師不得正見，是名外道。

依此五種姓差別，修圓覺便有五種差別，因為凡夫與外道種姓亦能始終證得圓覺，所以釋迦將凡夫外道列入人天乘。凡夫只修福報，說為人乘；外道修天，說為天乘。故佛教徒不應輕慢眾生，因為眾生始終得證圓覺成佛。

上來答第二問竟。

答第三問，當施設幾種方便教化眾生，釋迦只說一種，即令眾生入菩薩道，如是即不成不定種姓，亦不落二乘劣道、外乘邪道，是即五種姓都歸入菩薩種姓。

是故「菩薩唯以大悲方便入諸世間，開發未悟」，如是即是善巧方便。然則如何入世呢？便是「乃至示現種種形相，逆順境界，與其同事，化令成佛，皆依無始清淨願力。」如是即是菩薩入世的善巧方便。

至於眾生，則應發菩薩清淨大願，願得依止善知識，不值外道師與二乘師，如是「依願修行，漸斷諸障，障盡願滿，便登解脫清淨法殿，證大圓覺妙莊嚴域。」這是末世眾生的善巧方便。

上來答第三問竟。

【經】　爾時，世尊欲重宣此義而說偈言：

彌勒汝當知，　一切諸眾生，
不得大解脫，　皆由貪欲故，

墮落於生死。　若能斷憎愛，
及與貪瞋癡，　不因差別性，

皆得成佛道。　二障永銷滅，
求師得正悟，　隨順菩提願，

依止大涅槃。　十方諸菩薩，
皆以大悲願，　示現入生死。

現在修行者，　及末世眾生，
勤斷諸愛見，　便歸大圓覺。

【釋】　頌文重申輪迴的根源在於貪欲，貪欲則源於愛，由貪便引發瞋與癡，是故即應除貪斷愛。然而所謂除與斷，則並非捨離，實在是超越。更由除與斷的種種方便，便可以分為五種姓，五種姓中，以得菩薩種姓者為優。菩薩持大悲願力示現出入生死，然後得證圓覺。

14、清淨慧問修證分位

【經】 於是清淨慧菩薩在大眾中即從座起，頂禮佛足右繞
三匝，長跪叉手而白佛言：「大悲世尊，為我等輩
廣說如是不思議事，本所不見、本所不聞，我等今
者蒙佛善誘，身心泰然得大饒益，願為一切諸來法
眾重宣法王圓滿覺性，一切眾生及諸菩薩、如來世
尊所證所得云何差別？令末世眾生聞此聖教，隨順
開悟漸次能入。」作是語已五體投地，如是三請終
而復始。

【釋】　第六位問佛的菩薩是清淨慧，依問觀修道，則是第
　　　　五位。

　　　　前文佛答彌勒，說眾生有五種姓，然而教化眾生則
　　　　只有一種方便，所以便引發到清淨慧的問題，眾生
　　　　從凡至聖，所證的覺性有甚麼分位的差別。因為種
　　　　姓不同，所得的分位亦應有不同，否則菩薩、二
　　　　乘、眾生便沒有聖凡的分別。

15、釋迦答修證分位

【經】 爾時，世尊告清淨慧菩薩言：「善哉，善哉，善男子，汝等乃能為諸菩薩及末世眾生，請問如來漸次差別。汝今諦聽，當為汝說。」時，清淨慧菩薩奉教歡喜，及諸大眾默然而聽。

「善男子，圓覺自性，非性性有，循諸性起，無取無證，於實相中實無菩薩及諸眾生。何以故？菩薩眾生皆是幻化，幻化滅故無取證者。譬如眼根不自見眼，性自平等。無平等者，眾生迷倒，未能除滅一切幻化，於滅未滅，妄功用中便顯差別；若得如來寂滅隨順，實無寂滅及寂滅者。

【釋】　佛答清淨慧，首先指出，他問的問題，其實是問現
　　　　證圓覺的漸次差別，因為圓覺唯一，所以修證果亦
　　　　唯一，並非凡夫所證與聖者所證有所不同。現在問
　　　　的分位差別，並不是證果的差別，只應該是觀修的
　　　　漸次差別。

　　　　由是佛再強調，圓覺自性「非性性有」，即謂圓覺
　　　　自性並不是依觀修差別之性而有，說有觀修差別之
　　　　性，只是循諸性差別而說，在圓覺自性中，實無菩
　　　　薩與及諸眾生，因為五種姓於圓覺中實無所取無所
　　　　證，所以不能說有五種取證的差別。

　　　　為甚麼這樣說呢？五種性眾生，無論聖凡，都是幻
　　　　化。「幻化滅，故無取證者」，當行人現證如幻時，
　　　　即幻化滅，於是即不能說有聖凡的分別，亦不能說有
　　　　所取有所證，這可以用眼根為喻，眼根能見一切諸
　　　　法，唯獨不能自見其眼，是即由眼根見眼無取無證，
　　　　由幻見幻亦無所取證，所以如幻諸法一切平等。

　　　　現在眾生見如幻諸法不平等，只是「眾生迷倒，未
　　　　能除滅一切幻化」，依滅（漸次斷滅）、未滅（漸
　　　　次調伏）的虛妄功用，便顯現有漸次差別。若依如
　　　　來寂滅，則實無寂滅法及能寂滅者，因為寂滅中已
　　　　無能所，故無能寂滅之法，及能寂滅之人。

　　　　至此，佛已指出清淨慧菩薩所問的問題本非正問，
　　　　不過隨順種姓差別，則亦可以指示。

　　　　先須知上所說，然後才容易明白經文所說的「修證
　　　　漸次差別」。

16、釋迦說修證漸次差別

【經】 「善男子，一切眾生從無始來由妄想我及愛我者，曾不自知念念生滅，故起憎愛，耽著五欲；若遇善友教令開悟淨圓覺性發明起滅，即知此生性自勞慮。若復有人勞慮永斷，得法界淨，即彼淨解為自障礙，故於圓覺而不自在。此名凡夫隨順覺性。

「善男子，一切菩薩，見解為礙，雖斷解礙，猶住見覺，覺礙為礙而不自在；此名菩薩未入地者隨順覺性。

「善男子，有照有覺俱名障礙，是故菩薩常覺不住，照與照者同時寂滅，譬如有人自斷其首，首已斷故無能斷者；則以礙心自滅諸礙，礙已斷滅無滅礙者。修多羅教如標月指，若復見月，了知所標畢竟非月；一切如來種種言說開示菩薩亦復如是。此名菩薩已入地者隨順覺性。

「善男子，一切障礙即究竟覺。得念失念無非解脫；成法破法皆名涅槃；智慧愚癡通為般若；菩薩外道所成就法同是菩提；無明真如無異境界，諸戒定慧及婬怒癡俱是梵行；眾生國土同一法性；地獄天宮皆為淨土；有性無性齊成佛道，一切煩惱畢竟解脫，法界海慧照了諸相猶如虛空。此名如來隨順覺性。

「善男子，但諸菩薩及末世眾生，居一切時不起妄念，於諸妄心亦不息滅，住妄想境不加了知，於無

了知不辨真實。彼諸眾生聞是法門，信解受持不生驚畏。是則名為隨順覺性。

「善男子，汝等當知！如是眾生已曾供養百千萬億恆河沙諸佛及大菩薩，植眾德本；佛說是人名為成就一切種智。」

【釋】 釋迦答修證漸次差別分為四位——

先說初位，凡夫隨順覺性。凡夫無始以來由妄想我及我愛，於是起憎愛與五欲。由聞正知見即能開悟，不以妄念起滅為我，知道妄念只是心性的勞慮。若能斷除勞慮，便「得法界淨」，這在甯瑪派便稱為「心性休息」。倘若到此為止，更不求上進，那便是將「淨解」成為「自障礙」，此即只落於心性休息的境界，未能心入圓覺，所以說「故於圓覺而不自在」。佛名此為「凡夫隨順覺性」。

再說次位，未入地菩薩隨順覺性。由凡夫位進修，便知道所得的「淨解」是「自障礙」，於是便由觀修而解礙，可是，見解所生的障礙雖然已經除去，卻住入「見覺」之中。所謂「見覺」，便是各地菩薩所住的別別觀智，每一地菩薩的觀智，都是此一地菩薩的障礙，於是「覺礙為礙而不自在」，依然未能證入圓覺。佛說，這便是「菩薩未入地者隨順覺性」，七地以下菩薩都在此位。依甯瑪派的道名言，這便是心性自解脫同時住入法性。

更說第三位，已入地菩薩隨順覺性。「有照有覺，俱名障礙」，「照」指智觀，由自證智觀察一切法，是即為「照」（《心經》說照見五蘊皆空的照）。「覺」指由「照」而得的心境。此二者都是觀修行人之所須，因為以照為道，以覺為果，觀修行人當然要作觀修，觀修亦必然得果。所以凡作觀修必不能與此二者相離，然而，此二者卻是地道上的障礙，因為菩薩若永住於一地的照與覺，則必不能超越此地。

為了斷除照與覺的障礙，每地菩薩都須超越二者，所以經言「是故菩薩常覺不住，照與照者，同時寂滅。」對於這個境界須要解釋。

經文用譬喻來解釋，喻為「譬如有人，自斷其首，首已斷故，無能斷者。」人自斷其首，比喻無能斷所斷，本來首是所斷，人是能斷，可是於首斷的同時，人已滅去，這便是於所斷現時，能斷已滅，由是能斷所斷都不成。既無能斷所斷，所以便沒有能斷的智與所斷的礙，是故經言「以礙心自滅諸礙，礙已斷滅，無滅礙者。」這便是菩薩的常覺不住境界，此時「照與照者同時寂滅」。依甯瑪派的道名言，這便是法性自解脫同時住入平等性。

觀修圓覺的教法，有如手指，用指指月，倘如認為見指不須見月，那便是住於圓覺的言說，實未得覺。若能見月而非見指，那才不是唯依言說而不依圓覺之理。對唯見手指而未見月，佛通名之為「菩薩已入地者隨順覺性」之位，此通說十地菩薩包括未淨地與清淨地皆是。

最後一位，即究竟位，如來隨順覺性。菩薩住於平等性中，於究竟證圓覺時，則為平等性自解脫，於平等性亦不住。經文說此境界，用十對法，此十對法總標為「一切障礙即究竟覺」，十對法者——

1「得念失念無非解脫」

2「成法破法皆名涅槃」

3「智慧愚癡通為般若」

4「菩薩外道所成就法同是菩提」

5「無明真如無異境界」

6「諸戒定慧及婬怒癡俱是梵行」

7「眾生國土同一法性」

8「地獄天宮皆為淨土」

9「有性無性齊成佛道」

10「一切煩惱畢竟解脫」

倘如認為此十對法是說平等，此即仍未究竟。究竟圓覺則並無對法可立，凡夫認為是對法者，實是一味，說為一味即超越平等（說為平等，依然有二，超越平等始成一味），如是始為平等性自解脫。若觀修圓覺道而未能平等性自解脫者，則仍受平等性所縛，只知平等而不知一味。

十對法中，前者為障礙，後者為究竟覺。若見為障礙，則必認為有障可斷，既有障可斷則必有斷障法與斷障者，既有斷障法及斷障者，則仍有人我與法我，雖然說一切人法平等，亦無非是人我的平等、法我的平等，是故不能稱為圓覺。現在由平等自解脫來看，便知一切障礙不只與圓覺平等，實在二者同是如來法身上的隨緣自顯現，故二者實同一味。此如鏡影與鏡同一味、水月與水同一味、螢光屏上的影像與螢光屏同一味，覺同一味始為圓覺。

正因為覺同一味，才能說「法界海慧照了諸相，猶

如虛空」。圓覺的覺境說為「法界海慧」，即是此謂遍滿法界大海，由此智慧照了諸相，即見諸相一味，都如虛空。佛家凡用虛空，必指如來法身，釋迦還鄭重指出，只能用虛空來比喻法身，所以一切諸相都是如來法身，情器世間中的一草一木、一塵一滴，無非皆是法身，覺此法身與諸相一味，諸相亦皆一味，始為圓覺。到此地位時，佛說「此名如來隨順覺性」。

若能起如來隨順覺性，則雖不起妄念亦不息滅妄心；雖住妄想境中，對此境不加了知；雖無了知，亦不分辨知與不知（真實不真實）。倘能對此境界信受，不生怖畏，才能說是隨順覺性，由此才能成就一切種智。

上來所說四位皆依隨順智而說，隨順有差別，是故有四位差別，如是即答清淨慧菩薩竟。

【經】　爾時，世尊欲重宣此義而說偈言：

清淨慧當知，圓滿菩提性，
無取亦無證，無菩薩眾生。

覺與未覺時，漸次有差別，
眾生為解礙，菩薩未離覺。

入地永寂滅，不住一切相，
大覺悉圓滿，名為遍隨順。

末世諸眾生，心不生虛妄，
佛說如是人，現世即菩薩。

供養恆沙佛，功德已圓滿，
雖有多方便，皆名隨順智。

【釋】　　於圓覺性中，無佛無菩薩無眾生，無修無證，是故無分位可言。說為分位，只是覺與未覺的差別。是即由凡夫以至成佛，可分為四種漸次差別，悉為隨順覺性，故可說為四種隨順覺性。大覺圓滿，名為「遍隨順」，不住一切相（不落名言概念種種現象分別）。每一分位都有與分位相應的「隨順智」，此即分位上行人的覺智。由頌文如是說，即能悟入一味。

17、威德自在問觀行方便

【經】　於是威德自在菩薩在大眾中即從座起，頂禮佛足右
　　　　遶三匝，長跪叉手而白佛言：「大悲世尊，廣為我
　　　　等分別如是隨順覺性，令諸菩薩覺心光明承佛圓
　　　　音，不因修習而得善利。世尊，譬如大城外有四
　　　　門，隨方來者非止一路，一切菩薩莊嚴佛國及成菩
　　　　提非一方便。唯願世尊，廣為我等宣說一切方便漸
　　　　次，并修行人總有幾種？令此會菩薩及末世眾生求
　　　　大乘者，速得開悟，遊戲如來大寂滅海。」作是語
　　　　已五體投地，如是三請終而復始。

【釋】　第七位問佛的菩薩是清淨慧，依問觀修道，則是第
　　　　六位。

前面清淨慧菩薩已問到觀修漸次方便，這便接觸到
觀修這個主題，因此接下來威德自在菩薩便直接問
到觀修、觀行。菩薩若欲入圓覺，要依甚麼方便來
達到修行的目的。在這裏，威德自在說了一個譬喻
——

　　世尊譬如大城，外有四門，隨方來者非止
　　一路；一切菩薩莊嚴佛國及成菩提，非一
　　方便。

這個譬喻，等於現在的人說「條條大道通羅馬」，
每一條路都是通向羅馬的方便，那麼如何去認識這
些路，又如何在路上通行，那便是威德自在之所
問。

這樣來問觀修、觀行的路，只是方便，並非究竟，
所以說為「遊戲如來大寂滅海」，種種觀修方便，
都只是在大寂滅海中遊戲。這樣說，我們便知道
《圓覺經》的主旨，若得究竟現證圓覺，並不依觀
修方便而成，因為一切觀修方便都只是遊戲，關於
這一點，實在應該稍作解說。日本曹洞宗道元禪師
說本經為偽經，因為經中所說的觀修還有二法，不
合他主張的「身心脫落」，便是不知道本經所說的
觀修，只是觀修方便，以方便為偽，實在是他自己
受身心脫落這概念所困，所以他既有人我，亦有法
我。

凡有觀修、觀行，必依境相而觀，無論甚麼境相，實在都是虛幻相，有如翳眼見空花，幻見旋火輪，既依虛幻相而修，所以都是遊戲。不過對這些遊戲亦不可忽視，除非是上根利器，知幻即能離幻，離幻即證圓覺，否則還須依着這些遊戲而得漸次方便，於如幻中修幻，由修幻而得離幻。

幻中修幻，可以比喻為夢中知夢。人在夢中經歷種種夢境，於夢未醒時，會將一切夢境視為真實，倘如夢中有人告訴他，你所見的夢境只是虛幻相，夢中人一定不信，因為夢中的火可以燒，夢中的水可以溺，夢境中一切有如真實。但倘若作夢的人能夢中知夢，那麼，他就可以在夢中遊戲，由遊戲而現證夢境的實相。甯瑪派所傳的夢幻法便是依此原理而建立。

現在威德自在菩薩所問的觀行方便，便有如令人夢中知夢的方便。依這些方便來觀修、觀行，行者便能在幻中離幻，於離幻時有如夢醒，由是即能現證圓覺。所以雖然說這些方便只是遊戲，但依着這些遊戲，行者卻能證覺，與上根利器相比，經歷的路不同，但所得的果則唯一，由是知威德自在菩薩之所問，實在是問到修行圓覺的要點。

下文，釋迦說三種觀行方便，奢摩他（Śamatha）、三摩鉢提（Samāpatti）、禪那（Dhyāna），那便有如三條入乘的大道，道雖不同，入乘則一，欲證圓覺的行人對此必須了知。

18、釋迦說三種觀行

【經】　爾時，世尊告威德自在菩薩言：「善哉，善哉，善男子，汝等乃能為諸菩薩及末世眾生，問於如來如是方便。汝今諦聽，當為汝說。」時，威德自在菩薩奉教歡喜，及諸大眾默然而聽。

「善男子，無上妙覺遍諸十方出生如來，與一切法同體平等，於諸修行實無有二。方便隨順其數無量，圓攝所歸，循性差別當有三種。

「善男子，若諸菩薩悟淨圓覺，以淨覺心，取靜為行；由澄諸念，覺識煩動，靜慧發生，身心客塵從此永滅，便能內發寂靜輕安；由寂靜故，十方世界諸如來心於中顯現，如鏡中像。此方便者名奢摩他。

「善男子，若諸菩薩悟淨圓覺，以淨覺心，知覺心性及與根塵皆因幻化，即起諸幻以除幻者，變化諸幻而開幻眾；由起幻故便能內發大悲輕安，一切菩薩從此起行，漸次增進。彼觀幻者非同幻故，非同幻觀皆是幻故，幻相永離；是諸菩薩所圓妙行，如土長苗。此方便者名三摩鉢提。

「善男子，若諸菩薩悟淨圓覺，以淨覺心不取幻化及諸淨相，了知身心皆為罣礙，無知覺明不依諸礙，永得超過礙無礙境，受用世界及與身心相在塵域如器中鍠，聲出於外。煩惱涅槃不相留礙，便能內發寂滅輕安，妙覺隨順寂滅境界，自他身心所不

能及，眾生壽命皆為浮想。此方便者名為禪那。

「善男子，此三法門皆是圓覺。親近隨順十方如來，因此成佛十方菩薩種種方便，一切同異皆依如是三種事業，若得圓證即成圓覺。善男子，假使有人修於聖道，教化成就百千萬億阿羅漢、辟支佛果，不如有人聞此圓覺無礙法門，一剎那頃隨順修習。」

【釋】　釋迦答威德自在菩薩所問，說有三種方便觀行，不過其實一切修行實無有二，因為「無上妙覺遍諸十方，出生如來與一切法，同體平等。」這句經文所說，便正是如來藏的義理。經文說如來與一切法都由無上妙覺所生，此妙覺遍諸十方。這便即是如來藏為佛內自證智的意思，因為妙覺所覺的境界，便正是佛內自證智的境界，所以便可以說，如來由此妙覺生起；此智境上有識境隨緣自顯現，因此亦可以說，一切世間諸法由此妙覺生起，由是即知如來與一切法同體平等。

釋迦答修行方便時，先指出這點，其實目的在於向威德自在指出，如來本性當然即是佛性，一切諸法之本性其實亦是佛性，必須知道這點，然後才能理解修行圓覺。

接着，釋迦即說三種觀行方便，奢摩他（Śamatha）、三摩缽提（Samāpatti）、禪那（Dhyāna）。

奢摩他即是「止觀」的寂止，經文說寂止的行相是「取靜為行，由澄諸念，覺識煩動。」意思是：行者恆時妄心亂動，於修寂止時，則心緣於無所緣而緣的境界中，若有妄念生起，亦不作意消除，只須覺知妄念，妄念自能解脫，此即於一境中取靜為行，由是一切妄念澄息。這時行者便會覺得心識煩動之苦，覺知此時，即生起靜慧。

這種觀修相當於密乘修生起法，由生起法得起本尊慢，這本尊慢便可以說為靜慧，息滅了凡夫心識的煩擾。由本尊慢令凡夫的「身心客塵從此永滅，便

能內發寂靜輕安。」這即是行者由生起本尊智而滅凡夫身心的執着，由是引發輕安。所以經文接着說「由寂靜故，十方世界諸如來心，於中顯現，如鏡中像。」所謂「十方世界諸如來心」便即是本尊慢。本尊慢於心中顯露，即如「鏡中像」。

為甚麼凡夫心可以起本尊慢呢？這可以說是覺性隨順，因為經言：「無上妙覺遍諸十方出生如來，與一切法同體平等」，既然聖凡平等，是即凡夫亦可起聖者心。

三摩缽提即是「等至」，經文說其行相為「以淨覺心，知覺心性及與根塵，皆因幻化。」此即謂由淨覺心來覺知心性（密）與根（內）、塵（外），此三者皆由幻化而成，所以才會建立虛妄相（外）、覺受虛妄相（內），而成了知虛幻的覺知（密）。

由上來所說，便知道觀修三摩缽提，即是於觀修中由心性起諸幻，以幻除幻。所謂除幻，即是「變化諸幻而開幻眾」，這樣一來，便等於由觀修三摩缽提，成立如幻世間與如幻眾生，行者於是知一切情器世間如幻、一切諸法如幻，因為他們的成立，都由變化諸幻而成。

這樣的觀修相，便相當於密乘修圓滿法。觀修圓滿法時，實以成熟的生起法為基礎。

依本尊慢，心性有如水晶，光華本不外露，但當受外在環境引發時，便現為虹光，這虹光實如幻而顯現，也可以說是依相礙緣起而顯現。例如一

點紅光，稍為動搖，便變成綠光、藍光、紫光，由是即知紅光如幻，由動搖而成綠光、藍光等亦如幻，由此行者便不會執着於水晶光華外露所成的顏色。這便是「即起諸幻，以除幻者」，以及「變化諸幻而開幻眾」。若行者由此悟入如來法身功德，便能「內發大悲輕安」入菩薩行，喻為「如土長苗」，即是以此三摩缽提的觀修為基礎，漸次圓滿菩薩行而證圓覺。

禪那通指入定，不過這裏所說的禪定，實已超越四禪八定，專指「不取幻化」（不住三摩缽提境界）、「不取諸靜相」（不住奢摩他）的禪定境界。也即是不住入寂止，也不住入等至，當不落於這兩種境界時，便能了知任運圓成的無礙境界。

無礙境界即如經言，是「以淨覺心不取幻化及諸淨相，了知身心皆為罣礙」的境界。行者於此境界中，自然生起覺知，這覺知說為「無知覺明」，是即行者亦不落於覺知的知，無所知而覺，不落幻化的動相，寂止的靜相而覺，亦不落入定時的覺知，這時才是真正的「身心脫落」，是即禪那境。

當於身心脫落時，「無知覺明不依諸礙，永得超過礙無礙境」。在塵域中的「受用世界」及「身心相」，在經中譬喻為「器中鍠」。樂器中的聲音便是器中鍠，樂器不礙聲音。聲音出外，聽音樂的人即起覺知，受用樂音相及聽聞樂音的身心相，若此時還有樂器相，便不是無明覺知，因為是依相礙而知，並非離礙而覺。許多精通音樂的人，往往就有這個毛

病，這是高胡的高音，這是大阮的低音，這是簫聲，這是笛聲，以為聽得了了分明，可是便落入種種的樂器相礙而聽，他們聽的不是器中鍠，聽的是由種種樂器發出的聲音，這便不能超越礙與無礙。

入禪那境並不容易，因為是「煩惱涅槃不相留礙」的境界，用聽音樂來譬喻，便是樂音與「無知覺明」不相留礙的境界，樂音在塵域中喻為煩惱，覺明喻為涅槃，故可以說為「煩惱涅槃不相留礙」。

此境界相當於密乘的生圓雙運，由此動靜雙運境得現證如來藏，如何觀修須從師授，現在只能指出如來藏境界隱密，只能方便說為佛內自證智境（無知覺明）與心識境界（覺知樂音）的雙運，在此雙運中，識境不礙智境，智境亦不礙識境。由此即起寂滅與輕安的妙覺隨順境界。此際即離名言概念戲論分別，故無眾生相壽者相（「眾生壽命皆為浮想」）。

如是三種觀修方便，實有次第漸進，行者先修奢摩他，然後入三摩缽提，反覆修習這兩種禪定，即能入禪那境界，此時現證一切諸法任運圓成，於時離相礙而證無礙，由證無礙而得起圓覺。

至於行者觀修三種方便後，如何交替修習而得證圓覺，則於下來即說。

【經】　爾時，世尊欲重宣此義而說偈言：

威德汝當知，　無上大覺心，
本際無二相，　隨順諸方便，

其數即無量。如來總開示，
便有三種類，　寂靜奢摩他，

如鏡照諸像；如幻三摩提，
如苗漸增長；禪那唯寂滅，

如彼器中鍠。三種妙法門，
皆是覺隨順，　十方諸如來，

及諸大菩薩，　因此得成道。
三事圓證故，　名究竟涅槃。

【釋】　頌文總括三種觀行方便，寂靜奢摩他如鏡照像；如幻三摩鉢提如苗增長；禪那則如器中鍠。寂滅一切言說思維，入無礙非無礙境，是即三種「覺隨順」。三事圓證始名究竟涅槃。

19、辯音問依三種觀行有多少種修習

【經】 於是辯音菩薩在大眾中即從座起，頂禮佛足右遶三
匝，長跪叉手而白佛言：「大悲世尊，如是法門甚
為希有！世尊，此諸方便一切菩薩於圓覺門有幾修
習？願為大眾及末世眾生，方便開示令悟實相。」
作是語已五體投地，如是三請終而復始。

【釋】 第八位問佛的菩薩是辯音，依問觀修道，則是第七
位。

上來答威德自在菩薩問，現證圓覺有多少種觀修方
便，佛答有奢摩他、三摩缽提、禪那三種。現在辯
音即承上來所答，問佛，依此三種觀行，可以建立
多少種修習方便。

為甚麼有這個問題呢？這有兩種原因。

第一個原因，是因為行者凡作觀修、觀行，必須交
替，最明顯的是二地至十地，這九個地位上的菩
薩，根本沒有新的觀修方便，只是依前所作的觀修
反覆交替修習，如是即能由二地次第超至十地。這
在《解深密經》便稱之為「事邊際所緣境事」。在
十地時，亦只是反覆修習，當去除兩種愚、一種粗
重後，便能入無學道的如來因地。

第二個原因，是因為行者各各根器不同，所積的資
糧亦不同，所以於交替修習中，便有不同的交替。
譬如甯瑪派密乘行人，有三種觀修方便，於交替

時，可以單修生起、圓滿、生圓雙運，亦可以作先修生起，再修圓滿與生圓雙運的交替，或先修生起與圓滿，再修生圓雙運的交替，如是種種不同的交替，便恰恰是辯音菩薩之所問。佛答問時，說二十五種修習，便恰恰是甯瑪派觀修的交替修習。

在密乘的文獻，筆者未見具體指出種種修習，在《圓覺經》，佛則說為二十五種，這可以供甯瑪派行人參考，而甯瑪派的三種觀行，如何成為交替修習方便，亦可以供顯乘行人參考。其實法門的觀行與修習，本來無有顯密的分別，在釋迦時代，以至釋迦涅槃後的一段時期，作觀修、觀行修習的行人，未見有說為顯宗與密宗的分別，此如龍樹，顯然修習密法（其實當時未稱為密法），又如無著，當然修習密法，因為龍樹說中觀，無著說瑜伽行，所以又成為顯乘的大論師。現在甚至有人否定龍樹與無著觀修密法。

說這兩位論師有觀修密法並非是浮言，龍樹有明明說修集密法的論，現在給人說是偽造，或者說另有一個密乘龍樹。無著的《大乘經莊嚴論》，論中用密法觀修來配合一佛乘的經典，但論中所說的證量，卻沒人認為是由觀修密乘而得。可知釋尊滅後，佛弟子的傳法已有分途，現在已由此分途建立分別，如果持着這分別見，一定不會將《圓覺經》與密乘的觀修融合起來，倘如理解，釋迦說觀修並無顯密的分別，便當知道《圓覺經》所說的二十五種修習方便，與甯瑪派的交替修習相應，便是理所當然的事。

20、釋迦説二十五種修習方便（一）

【經】　爾時，世尊告辯音菩薩言：「善哉，善哉，善男子，汝等乃能為諸大眾及末世眾生，問於如來，如是修習。汝今諦聽，當為汝說。」時，辯音菩薩奉教歡喜，及諸大眾默然而聽。

「善男子，一切如來圓覺清淨本無修習及修習者，一切菩薩及末世眾生依於未覺幻力修習，爾時便有二十五種清淨定輪：

【釋】　釋迦答辯音菩薩問，三種觀行可開展為二十五種修
習方便。經文言：「一切如來圓覺清淨，本無修習
及修習者；一切菩薩及末世眾生，依於未覺幻力修
習，爾時便有二十五種清淨定輪。」

這句經文很重要，釋迦說的二十五種修習方便，本
質其實都是如幻，於如幻境中修如幻，由是得除如
幻，那便是釋迦的密意。所以經文說這些修習方
便，都是「依於未覺幻力修習」，是即為行人的心
理狀態，這狀態可分為二：一是「未覺」，是即尚
未得圓覺，這是當然的事；一是「幻力」，是即由
幻修幻的修習力。正因為是由幻修幻，所以一切修
習方便當然如幻。這是修習的總綱，讀者必須將這
總綱了記於心，然後才能理解這些修習方便。

現在先將這二十五種修習方便列表如下，其後再作
解說。

	修習	觀行果
1	單修奢摩他	唯取極靜，由靜力故，永斷煩惱，究竟成就，不起於座，便入涅槃。
2	單修三摩鉢提	唯觀如幻，以佛力故，變化世界種種作用，備行菩薩清淨妙行，於陀羅尼不失寂念及諸靜慧。

3	單修禪那	唯滅諸幻,不取作用,獨斷煩惱;煩惱斷盡,便證實相。
4	先修奢摩他,後修三摩缽提	先取至靜,以靜慧心照諸幻者,便於是中起菩薩行。
5	先修奢摩他,後修禪那	以靜慧故,證至靜性,便斷煩惱,永出生死。
6	先修奢摩他,中修三摩缽提,後修禪那	以寂靜慧復現幻力,種種變化,度諸眾生,後斷煩惱而入寂滅。
7	先修奢摩他,中修禪那,後修三摩缽提	以至靜力,斷煩惱已,後起菩薩清淨妙行,度諸眾生。
8	先修奢摩他,齊修三摩缽提、禪那	以至靜力,心斷煩惱,復度眾生,建立世界。
9	齊修奢摩他、三摩缽提,後修禪那	以至靜力,資發變化,後斷煩惱。
10	齊修奢摩他、禪那,後修三摩缽提	以至靜力,用資寂滅,後起作用,變化世界。

11	先修三摩鉢提，後修奢摩他	以變化力，種種隨順而取至靜。
12	先修三摩鉢提，後修禪那	以變化力，種種境界而取寂滅。
13	先修三摩鉢提，中修奢摩他，後修禪那	以變化力，而作佛事，安住寂靜，而斷煩惱。
14	先修三摩鉢提，中修禪那，後修奢摩他	以變化力，無礙作用，斷煩惱故，安住至靜。
15	先修三摩鉢提，齊修奢摩他、禪那	以變化力，方便作用，至靜寂滅二俱隨順。
16	齊修三摩鉢提、奢摩他，後修禪那	以變化力，種種起用，資於至靜，後斷煩惱。
17	齊修三摩鉢提、禪那，後修奢摩他	以變化力，資於寂滅，後住清淨，無作靜慮。
18	先修禪那，後修奢摩他	以寂滅力而取至靜，住於清淨。

19	先修禪那,後修三摩缽提	以寂滅力而起作用,於一切境,寂用隨順。
20	先修禪那,中修奢摩他,後修三摩缽提	以寂滅力,種種自性,安於靜慮而起變化。
21	先修禪那,中修三摩缽提,後修奢摩他	以寂滅力,無作自性,起於作用,清淨境界,歸於靜慮。
22	先修禪那,齊修奢摩他、三摩缽提	以寂滅力,種種清淨而住靜慮,起於變化。
23	齊修禪那、奢摩他,後修三摩缽提	以寂滅力,資於至靜而起變化。
24	齊修禪那、三摩缽提,後修奢摩他	以寂滅力資於變化,而起至靜,清明境慧。
25	圓修三種自性清淨隨順	以圓覺慧圓合一切,於諸性相,無離覺性。

上來二十五種觀修,都有一個重要原則,那就是經文所說的「一切如來圓覺清淨本無修習及修習者」,

倘若實執所修的法，那便有所知障；倘若實執有修習者，那便有煩惱障。前者建立「法我」，後者建立「人我」，二者都是觀修的極大障礙，因為在如幻境中無此二我，既然如幻，尚焉能說我。

21、釋迦說二十五種修習方便（二）

【經】　「若諸菩薩唯取極靜，由靜力故永斷煩惱究竟成
就，不起于座便入涅槃。此菩薩者，名單修奢摩
他。

「若諸菩薩唯觀如幻，以佛力故變化世界種種作
用，備行菩薩清淨妙行，於陀羅尼不失寂念及諸靜
慧。此菩薩者，名單修三摩鉢提。

「若諸菩薩唯滅諸幻，不取作用獨斷煩惱，煩惱斷
盡便證實相。此菩薩者，名單修禪那。

【釋】　釋迦答辯音菩薩問，說二十五種修習方便，他稱之為二十五種清淨定輪。依修習方便觀修可得「清淨」，一切修習方便總名之為「定」，其修習法便可稱為「定輪」，因為修這些定都可視為依壇輪而觀修。

這些定輪，依華嚴宗的分類，可分為三類。一、單修（共三種）；二、交絡修（共二十一種）；三、齊修（一種）。現在先說單修三種。

第一種，單修奢摩他。行者唯止於靜境，於是妄念澄息，逐漸離戲論入無分別，至究竟時即能永斷煩惱，如是不起於座，便入涅槃。修習的方便在於無作意唯止於靜境，那即是說一切名言、概念、二取、戲論都不落，這即是由入無分別而得成就。無作意是觀修的關鍵。

這種觀行，看似極簡單，其實非上根不能到究竟，所以是上根利器的方便。密乘很多大成就者，亦唯依生起法即得究竟現證，甚至有些祖師只修前行法便得成就，那便是單修奢摩他的成就者。甯瑪派祖師龍青巴尊者的《禪定休息》，說修樂、明、無念，便是這種觀行。

第二種，單修三摩缽提。這是單修如幻，由如幻觀洞悉世間一切法隨緣自顯現，任運圓成。例如人，多依眼與耳來認識世界，那便是人的任運圓成；至於蚯蚓，沒有眼也沒有耳，只靠身體的觸覺來認識世界，那便是蚯蚓的任運圓成，所以一切法的任運

圓成都如幻化,在甯瑪派便稱之為相礙緣起。因有相礙,即是有局限,適應這些相礙局限便是任運圓成。由是即知,這些相礙便是一切法所須適應的緣。能夠現證這任運圓成的境界,便可以說是變化世界種種作用,由是生起清淨妙行(不落戲論、分別之行),便自然生起清淨慧,所念亦皆寂靜(不失寂念),從此得入涅槃。這亦是上根利器的觀行。龍青巴尊者說的《虛幻休息》,由八種喻觀一切法如幻,所說的便是這種觀行。

第三種,單修禪那。禪那的境界不取靜相,亦不取如幻,唯在定中住入無礙,由是生起圓覺。如何住入無礙,則先由現證相礙緣起任運圓成而住入,這時候,便不須將一切法視為如幻,自然能滅諸幻,不將一切如幻諸法視為真實,亦不實執為幻化,同時亦不落於寂滅法中(不將所見的寂滅實相視為禪定所生相),所以說為「獨斷煩惱」,即是以盡一切煩惱為現證。這裏說的煩惱,是指名言、句義(概念)、戲論、分別等,於是即由現證實相而起本覺。這便有如甯瑪派的大圓滿法,不分別生起法所見的淨相,亦不分別圓滿法所見的幻相,無作意而成大圓滿道。

22、釋迦說二十五種修習方便 (三)

【經】　「若諸菩薩先取至靜，以靜慧心照諸幻者，便於是中起菩薩行。此菩薩者，名先修奢摩他，後修三摩鉢提。

「若諸菩薩以靜慧故證至靜性，便斷煩惱永出生死。此菩薩者，名先修奢摩他，後修禪那。

「若諸菩薩以寂靜慧，復現幻力種種變化度諸眾生，後斷煩惱而入寂滅。此菩薩者，名先修奢摩他，中修三摩鉢提，後修禪那。

「若諸菩薩以至靜力斷煩惱已，後起菩薩清淨妙行度諸眾生。此菩薩者，名先修奢摩他，中修禪那，後修三摩鉢提。

「若諸菩薩以至靜心斷煩惱，後度眾生建立世界。此菩薩者，名先修奢摩他，齊修三摩鉢提及修禪那。

「若諸菩薩以至靜力資發變化，後斷煩惱。此菩薩者，名齊修奢摩他、三摩鉢提，後修禪那。

「若諸菩薩以至靜力用資寂滅，後起作用變化境界。此菩薩者，名齊修奢摩他、禪那，後修三摩鉢提。

【釋】　釋迦答辯音菩薩問，說二十五種修習方便，已說三種單修，其餘有二十一種修習，前代稱之為交絡修，這又可以分為三組，以奢摩他為首者七種，以修靜為主；以三摩缽提為首者七種，以修幻為主；以禪那為首者又七種，不住靜幻，以修覺為主。

今先說奢摩他為首，即第四種至第十種。此須注意，所謂先修奢摩他，並非說入道後唯修奢摩他，毫不修習三摩缽地與禪那，因為於奢摩他道中，實亦有三摩缽地與禪那的因素，所以說先修奢摩他，實在是以修奢摩他為主，並以觀修奢摩他而起覺得果。例如修奢摩他得靜慧果。（若主修三摩缽提，則得離幻果；若主修禪那，則得斷煩惱果。）

於此須知，此如密乘生起法中有圓滿、大圓滿法；圓滿法中有生起、大圓滿法；大圓滿中有生起、圓滿法。是故可說，奢摩他中有三摩缽地與禪那；三摩缽地中有奢摩他與禪那；禪那中有奢摩他與三摩缽地。此中的總攝與別攝，貫通二十五種觀修方便。

第四種，先修奢摩他，後修三摩缽提。

行者先修極靜，於是起靜慧心，復由靜慧心觀照諸幻，便是這種菩薩行。

在密乘生起法的修習中，行者自成的三昧耶尊（戒）與智慧尊（慧）雙運，然後生起三摩地尊（定），於是戒、定、慧三尊無分別而住，便可以成極靜的境界，由是起靜慧心，即是本尊慢。這修

法只能成就奢摩他，若再修圓滿次第，便是由靜慧心觀照諸幻。

第五種，先修奢摩他，後修禪那。

如前先修奢摩他，隨即以靜慧起本覺，由於本覺已不住戲論分別，是即能斷除一切煩惱，便是這種菩薩行。

在密乘修習中，已生起極靜定境，隨即入生圓雙運而起本覺，行者於本覺中等持，即能斷盡一切煩惱而入涅槃。此跟第四種修習的區別，在於不須觀照如幻，自然不入如幻。

第六種，先修奢摩他，中修三摩鉢提，後修禪那。

先修奢摩他已如前說，復修觀照如幻，但行者尚未能由離幻而入涅槃，尚須藉如幻的種種變化，然後才能生起斷煩惱入寂滅的本覺，便是這種菩薩行。

在密乘修習中，這是依次第，先修生起法，再修圓滿法，及至修生圓雙運，然後才能悟入法性，次第以得成就。

第七種，先修奢摩他，中修禪那，後修三摩鉢提。

這種觀修，於中修禪那時，其實已由靜力斷盡煩惱，其後更修三摩鉢提，只是修習利益眾生的力用，因為必須由幻力始能利益眾生。一如如來由功德幻力，才能令一切世間於生機的功德中存在，於區別的功德中顯現。關於這些，筆者在說如來藏的諸書中已有提及。

在密乘修習中，這是藉圓滿法的周遍來利益眾生，此如修四事業法、二十一度母法、金剛具力法等，即是變化種種如幻作用，由利益如幻眾生而至度脫如幻眾生。

第八種，先修奢摩他，齊修三摩鉢提、禪那。

先修奢摩他於前已說，若能於觀照如幻時同時起本覺，即成此種菩薩行。這時，寂滅與如幻同時，自利與利他同時，覺性與事業同時，所以這是一種高次第的菩薩行。

在密乘修習中，生起法修習至究竟，行者的根器堪能既斷煩惱，又能作煩惱事，便可以在生圓雙運中起圓滿法，觀照一切如幻，同時生起一切如幻。這種觀行在龍青巴的《虛幻休息》中亦已說及。

第九種，齊修奢摩他、三摩鉢提，後修禪那。

行者先修奢摩他與三摩鉢提，及至能由靜慧力生起如幻變化，然後再修離靜離幻的禪那，便是這種菩薩行。

在密乘修習中，即是將生起法與圓滿法同時交替修習，至圓熟時，再修生圓雙運。這也是一種高次第的菩薩行，於交替修習時，以能生起如幻變化，利益如幻眾生。其後復修禪那，成就本覺。

第十種，齊修奢摩他、禪那，後修三摩鉢提。

行者由修奢摩他已得靜慧，不須修三摩鉢提，已能由覺滅幻而得寂滅，這是上根利器的菩薩行。其

後，行者更修三摩鉢提觀照如幻，以幻力變化世間，利益眾生以至度脫眾生，便是這種菩薩行。

在密乘修習中，行者由生起法已能悟入本覺，於是修生圓雙運而證本覺，其後復用圓滿次第作種種事業。

或問，如何能由生起法得修生圓雙運？此則須知，如上來所說，生起法其實具足三分：生起的生起、生起的圓滿、生起的大圓滿。是故只由此一法，即可兼修三法。

23、釋迦說二十五種修習方便（四）

【經】 「若諸菩薩以變化力種種隨順，而取至靜。此菩薩者，名先修三摩鉢提，後修奢摩他。

「若諸菩薩以變化力種種境界，而取寂滅。此菩薩者，名先修三摩鉢提，後修禪那。

「若諸菩薩以變化力而作佛事，安在寂靜，而斷煩惱。此菩薩者，名先修三摩鉢提，中修奢摩他，後修禪那。

「若諸菩薩以變化力無礙作用，斷煩惱故，安住至靜。此菩薩者，名先修三摩鉢提，中修禪那，後修奢摩他。

「若諸菩薩以變化力方便作用，至靜、寂滅二俱隨順。此菩薩者，名先修三摩鉢提，齊修奢摩他、禪那。

「若諸菩薩以變化力種種起用，資於至靜，後斷煩惱。此菩薩者，名齊修三摩鉢提、奢摩他，後修禪那。

「若諸菩薩以變化力資於寂滅，後住清淨，無作靜慮。此菩薩者，名齊修三摩鉢提、禪那，後修奢摩他。

【釋】　　釋迦答辯音菩薩問，說二十五種修習方便，前已說十種，今則說交絡修的第二組。即以三摩缽提為首的第十一種至第十七種。

前已說先修奢摩他時非唯修奢摩他，只是主修奢摩他而得靜慧果，今說先修三摩缽提，當然亦非唯修三摩缽提而不及其餘，只是主修三摩缽提得離幻果。

第十一種，先修三摩缽提，後修奢摩他。

行者因修三摩缽提而得見一切法如幻，由是離幻，則能依如幻作事業（前已說，如觀修息增懷誅四種事業），於是後修奢摩他而入靜觀，由靜入清淨覺心，便是這種菩薩行。

在密乘修習中，觀修圓滿法至究竟，已能現證如來法身功德周遍一切世間，便可依觀修的功德來作事業以利益眾生。倘若行者自覺作事業時防礙靜慧，如不能究竟入靜而作事業，則應更修奢摩他而入靜觀，於是靜幻雙運而成寂滅，這便是如幻如化的境界。

第十二種，先修三摩缽提，後修禪那。

如前，行者修三摩缽提已得離幻果能作事業，倘不得由靜觀而入涅槃，則可由禪那取寂滅、斷煩惱而入涅槃。這跟單修三摩缽提得入涅槃的行人不同，他們可以由離幻而起清淨慧，由作如幻事業而得寂念，現在這種行者則須更藉禪那力而入涅槃。

在密乘修習中，則如修圓滿法得事業成就的行人，

須更修生圓雙運來去除對事業法的執着，這對修習忿怒尊法門的行人來說實為重要，否則便容易執着於忿怒尊法門，樂此不疲。

第十三種，先修三摩缽提，中修奢摩他，後修禪那。

前一種行人不須由靜觀而入涅槃，這一種行人於離幻後尚須入靜觀，否則便不能生起本覺而成寂滅，所以便須於修三摩缽提之後，修禪那之前，還須更修奢摩他。於修奢摩他時，他們雖作種種事業，仍能一心不動，然後才修禪那，這樣便能寂滅涅槃。

在密乘修習中，修圓滿法成就的行人，更交替主修奢摩他以求起靜慧，這時便等於是靜幻雙運，當後修禪那時，便超越靜幻雙運而得成就。可以舉一個淺化了這重修習的例子，如觀陽燄，於三摩缽提見水相如幻、燄相亦如幻，倘不隨幻相而觀，唯心所自見，這便可以說是初步的靜幻雙運相，若在此境界中修禪那，便有初覺生起。通過這個例子，或容易令讀者理解這種觀修法門。

第十四種，先修三摩缽提，中修禪那，後修奢摩他。

行者觀修三摩缽提，即住在如幻境中，能作種種事業，復求於幻中離幻，未能圓成，於是復修禪那，藉禪那力離幻，但此時離幻多落於作意，是故離幻而未能得靜，於是便須後修奢摩他，安住於止的境界，由是心意便能不動而至靜，由是而得涅槃。這

是動後之靜，與前一種靜後之動不同，兩種不同便是用不同的交替來達至究竟。

在密乘修習中，此如修圓滿次第，種種光明變化未得自然，便須修生圓雙運來離去對變化的執着。由於行者多有作意而離執着，是故便須更修生起次第，將光明變化的相與本尊慢的意雙運，此時便能自然生起一不共的圓滿法光明，這便可以視為由明覺生起明慧，於究竟時，此「明慧」便即是明覺。

第十五種，先修三摩缽提，齊修奢摩他、禪那。

行者於修三摩缽提種種如幻時，若不能靜中離幻，又或者離幻時落於靜的作意，那麼便須要再齊修奢摩他、禪那來作交替。這時須要注意，所謂齊修，其實是先修奢摩他，然後持着奢摩他的境界來修禪那，然後於觀修境界中離靜的作意而離幻。所以這種觀修，是作意於靜的對治。

在密乘修習中，若行者作意於由本尊慢起光明，便容易犯離幻時着意於靜的作意。這時索性修止，任本尊慢自然生起，再修生圓雙運，離本尊慢的執着，同時離如幻光明的執着，那便可以由寂滅而得成就。

第十六種，齊修三摩缽提、奢摩他，後修禪那。

作這種觀修的行人，能出觀修如幻而離幻時得靜。於此須知，離幻而得靜並不是很容易的事，因為一着意於離幻，或一着意於得靜，便二者俱失。同時齊修三摩缽提、奢摩他，也很容易落邊。所以，便

要將此齊修與禪那交替。齊修時落邊，後修禪那時便可以調整到兩邊都不落。必須兩邊不落，生起的才是本覺。

在密乘修習中，以修圓滿法為主，齊修圓滿法與生起法。這裏的齊修，是修圓滿法時，觀修圓滿的生起；於修生起法時，觀修生起的圓滿。於齊修得生起離言的覺性，便後修生圓雙運，此如先見手掌而知手背，先見手背而知手掌，於是即離對手背手掌的認知，唯見一手。在修密時，這是很常見的觀修交替。

第十七種，齊修三摩缽提、禪那，後修奢摩他。

這種觀修，起如幻觀，復入寂滅而離幻。這時，種種如幻變化唯成寂滅，那便失去靜幻雙運（生圓雙運）的境界，因此便須後修奢摩他，將寂滅境，藉奢摩他生起的境界而成止觀雙運，這時的境界，便不執着於寂滅，這才是真正的禪那。

在密乘觀修中，有些行人於修圓滿次第時，已着意於觀修生圓雙運來交替，這即是他們唯用圓滿法與生圓雙運的交替，對生起次第過份不着意。例如，修生起法時，唯着重於生起的圓滿，那麼，當與生圓雙運齊修時，便很難證入如來法身功德。一如螢光屏上的影像，唯與螢光屏雙運，可是卻未現證螢光屏，亦未現證螢光屏的功能，那麼，便須修影像的生起來作補救。又例如唯知月在水中，可是卻未修水波的相續，這時便須觀修月影，由月影的相續來悟知水波的流動。

24、釋迦說二十五種修習方便（五）

【經】 「若諸菩薩以寂滅力而起至靜，住於清淨。此菩薩者，名先修禪那，後修奢摩他。

「若諸菩薩以寂滅力而起作用，於一切境寂用隨順。此菩薩者，名先修禪那，後修三摩鉢提。

「若諸菩薩以寂滅力種種自性，安於靜慮，而起變化。此菩薩者，名先修禪那，中修奢摩他，後修三摩鉢提。

「若諸菩薩以寂滅力無作自性起於作用，清淨境界歸於靜慮。此菩薩者，名先修禪那，中修三摩鉢提，後修奢摩他。

「若諸菩薩以寂滅力種種清淨，而住靜慮起於變化。此菩薩者，名先修禪那，齊修奢摩他、三摩鉢提。

「若諸菩薩以寂滅力資於至靜，而起變化。此菩薩者，名齊修禪那、奢摩他，後修三摩鉢提。

「若諸菩薩以寂滅力資於變化，而起至靜清明境慧。此菩薩者，名齊修禪那、三摩鉢提，後修奢摩他。

【釋】　釋迦答辯音菩薩問，說二十五種修習方便，前已說十七種，今則說交絡修的第三組。即以禪那為首的第十八種至二十四種。

雖說以禪那為首，但亦不是唯修禪那，只是先主修禪那，然後再及其餘兩種觀行，而觀修禪那時，實亦包括餘兩種觀行。前已說及，禪那的觀修，實有禪那的奢摩他、禪那的三摩缽提、禪那的禪那三種。

現在即說此七種修習方便。

第十八種，先修禪那，後修奢摩他。

行者先修禪那，即是由寂滅而斷煩惱。所謂斷煩惱，前已說及，即是斷盡一切戲論、分別，不落一切法的名言概念而住，是即成寂滅，於寂滅中煩惱自然不起。於此時，行者已能斷盡「人我」（斷煩惱障），但「法我」則尚未能除盡，因為還有「寂滅」這種執着，所以便須後修奢摩他，入於至靜，其時法我亦滅，因為任何法的概念都已平息。

在密乘修習中，即是主修生圓雙運，行者在此之前，當然亦已通達生起法和圓滿法。在觀修生圓雙運時，離靜離幻而入無分別，但這時行者卻容易有由法得果的希冀，這便是未能入「無願解脫門」，於法尚有執，是故便再修奢摩他，止於一法都不住的境界，由是而得成就。

第十九種，先修禪那，後修三摩缽提。

行人先修禪那同前所說，至於後修三摩缽提，則是由寂滅力起如幻力，由如幻生起作用，所以經文說是「於一切境，寂用隨順」，也可以說這便是寂靜與作用雙運，這其實便即是智識雙運的境界，以寂靜為智境，起如幻作用則是識境，二者雙運便入如來藏心境，是故行者即得成就。

在密乘修習中，行者由生圓雙運而成寂滅，但這雙運的境界若落於呆滯，便須起三摩缽提的功能，觀如來法身功德的生機，由此生機變化世間，所以這時用圓滿法修幻，便能令所入的生圓雙運境界生動起來。這時的境界，才是活潑潑的智識雙運如來藏境，觀修時所修的定，則稱為「靈動三摩地」，這是對枯禪的對治。

第二十種，先修禪那，中修奢摩他，後修三摩缽提。

行者先修禪那同前說，得禪那寂滅後，過份安於幻境，亦即過份安於如來法身功德，這時便要修奢摩他，由此心境得到平衡。但亦可能過份執着於靜，所以又要後修三摩缽提的如幻來平衡。

在密乘修習中，修生圓雙運時，倘如偏向於法身功德，那就要由修生起法來平衡，令行者不落於離幻，更後修圓滿法，生起種種幻事，成事業法，利益眾生。是亦為「靈動三摩地」。

第二十一種，先修禪那，中修三摩缽提，後修奢摩他。

行者先修禪那同前，倘如過份安於如來法身（此須注意，前一種是過份安於如來法身功德），便須要更修三摩缽提，令如來法身起作用，否則便偏向於智境而不成智識雙運（偏向於法身而忽略了色身）。修三摩缽提多起報身境界，故又後修奢摩他，返回靜境。

在密乘修習中，修生圓雙運時，倘如偏向於法身，那就要由修圓滿法來平衡，由如幻而令行者不執着寂滅。更後修生起法，令如幻境歸成靜事，亦即雖顯現為如幻，但不落於戲論分別而現。具體來說，便是持本尊慢來住生圓雙運境，既不落於光明，亦不執着於本尊。

第二十二種，先修禪那，齊修奢摩他、三摩缽提。

行者先修禪那同前，為免寂滅境呆滯，便用齊修奢摩他、三摩缽提來令禪機生動。這便有如禪宗既修禪那而得寂滅，又復如常生活，在家常日用中成靜事而離戲論，又更如幻而成生活中事。

在密乘修習中，行者修生圓雙運，持本尊慢住入光明，為免本尊慢的心境呆滯、光明的境界呆滯，所以便更齊修生起法、圓滿法，得成活潑潑的智識雙運如來藏境界。

第二十三種，齊修禪那、奢摩他，後修三摩缽提。

行者先修禪那同前，於觀修時，齊證寂滅與至靜，這便是寂滅與至靜同時的境界。寂滅由至靜得生機，至靜由寂滅得自在，是這觀修境界的特色。這

境界可以由《密嚴經》來領會。

寂滅由至靜得生機，比如菩薩入密嚴國，可以說是
由寂滅而入，於密嚴國中，見諸佛菩薩相環繞，那
便是在寂滅中見生起，能生起即是生機；至靜由寂
滅得自在，則比如經中所說，菩薩入密嚴國見一小
佛坐於大佛腹中，這便是寂滅境中的自在，諸佛菩
薩起莊嚴身，無分大小，悉皆自在變化。

由上述的境界，行者更修三摩缽提，便是依止境界
的現證力，更修如幻事業，於時即能令生機變化，
由是利益眾生。

在密乘修習中，此如行人先齊修生圓雙運法及生起
法。其時，生起法分三次第與生圓雙運齊修，先為
生起的生起，次為生起的圓滿，後為生起的生圓。
依此齊修的觀修力，便能在離靜離幻中，由離名言
句義分別戲論（至靜）而如幻生起一切法。是即起
覺與生起雙運，圓覺性中有一切法生起。更修圓滿
次第，於是一切生起，便能周遍圓滿而得自在。

第二十四種，齊修禪那、三摩缽提，後修奢摩他。

行者齊修禪那、三摩缽提，那便是寂滅與如幻雙
運，寂滅中有幻境生起，幻境不離寂滅。華嚴宗用
帝青寶來比喻這個觀修，非常洽當。帝青寶是帝釋
天中的一塊寶石，寶石能如意顯出世間幻象。寶石
顯幻象可以說是寂滅中有幻境生起、石中的幻象可
以說是不離寂滅而顯現。所以帝青寶的比喻，恰恰
能說明齊修禪那、三摩缽提的現證境界。

在密乘修習中，此如行人先齊修生圓雙運法及圓滿法，圓滿法亦分三次第而修，先為圓滿的生起，次為圓滿的圓滿，後為圓滿的生圓。依此齊修的觀修力，行者便能寂滅與如幻同時。復將此觀修境歸於至靜，便能圓證智識雙運境界的如來藏。寂滅是智境，如幻是識境，同時歸於至靜，即離智與識的分別。由究竟離分別，行者即能證入圓覺。

25、釋迦説二十五種修習方便（六）

【經】　「若諸菩薩以圓覺慧圓合一切，於諸性相無離覺性。此菩薩者，名為圓修三種自性清淨隨順。

「善男子，是名菩薩二十五輪，一切菩薩修行如是。若諸菩薩及末世眾生依此輪者，當持梵行，寂靜思惟，求哀懺悔，經三七日。於二十五輪各安標記，至心求哀，隨手結取；依結開示便知頓漸，一念疑悔即不成就。」

【釋】　釋迦答辯音菩薩問，說二十五種觀修，現在說到最後一種，即是「圓修三種自性隨順」，亦即三觀齊修。

三觀齊修其實只是一修，因為一切法平等，所以修一法即是修一切法，上根利器不必追求多法，也不必將法異門逐門去理解，只入一門，若能究竟現證，便有如同時現證一切法異門。六祖慧能不識字，不能讀經，所以對他來說，根本沒有許多法異門，當人來問法時，他卻有如熟讀經論，甚麼法異門都難他不倒，這便是他通一法門便能貫通一切法門。

三觀齊修，是三觀互相貫通，所以奢摩他有奢摩他的奢摩他，奢摩他的三摩缽提，奢摩他的禪那；三摩缽提有三摩缽提的奢摩他，三摩缽提的三摩缽提，三摩缽提的禪那；禪那有禪那的奢摩，禪那的三摩缽提，禪那的禪那。這便正是甯瑪派觀修的特色。生起、圓滿、生圓雙運三種，交互而成九種，

其實還不只此，九種還可以再分，例如奢摩他的奢摩他，就可以分為「奢摩他奢摩他的奢摩他」、「奢摩他奢摩他的三摩鉢提」、「奢摩他奢摩他的禪那」，如是便成三九二十七種，再分下去可以無量。上師依行者的根器，教其修習時，有分、有合、有交替，這便是三觀齊修的理趣。

上來已說二十五種修習方便竟。

釋迦於說修習方便後，更教行者如何趨向。行者「當持梵行，寂靜思惟，求哀懺悔，經三七日」。接着，於是將二十五輪修習各安標記，然後至心祈禱，再隨手取出一個標記，這便是在佛前占卜自己應作何種修習。

以上的做法，便正是甯瑪派所用的祈請投花。在壇前佈一五方佛壇城，行人於懺悔祈禱後投花，投中那一佛部，便觀修這一佛部的法門。

【經】　　爾時，世尊欲重宣此義而說偈言：

> 辯音汝當知，一切諸菩薩，
> 無礙清淨慧，皆依禪定生。
>
> 所謂奢摩他，三摩提禪那，
> 三法頓漸修，有二十五種。
>
> 十方諸如來，三世修行者，
> 無不因此法，而得成菩提；
>
> 唯除頓覺人，并法不隨順。
> 一切諸菩薩，及末世眾生，
>
> 常當持此輪，隨順勤修習，
> 依佛大悲力，不久證涅槃。

【釋】　頌文指點奢摩他、三摩缽提、禪那三者都是禪定，由三種禪可建立二十五種觀修方便，十方三世如來都由此而成佛道，唯上根者可以頓覺則不須隨順此等觀修法門。

　　　　行者於觀修前應作調心，並者感恩、懺悔，於心無所緣時作禪定。起座後，又復感佛大悲恩，於是作清淨憶念，如是始為「常當持此輪，隨順勤修習」。

26、淨諸業障問開悟法性

【經】 於是淨諸業障菩薩在大眾中即從座起，頂禮佛足右繞三匝，長跪叉手而白佛言：「大悲世尊，為我等輩廣說，如是不思議事一切如來因地行相，令諸大眾得未曾有，覩見調御歷恆沙劫勤苦境界，一切功用猶如一念，我等菩薩深自慶慰。世尊，若此覺心本性清淨，因何染污，使諸眾生迷悶不入？唯願如來廣為我等開悟法性，令此大眾及末世眾生作將來眼。」說是語已五體投地，如是三請終而復始。

【釋】 第九位問佛的菩薩是淨諸業障，依問觀修道，則是第八位。上來七位問觀修的菩薩，所問的都是如何觀修圓覺，佛已依次第一一答竟，至說二十五輪為止。現在淨諸業障菩薩問的依然是觀修，但卻轉入另一話題，問佛如何開悟法性。

上來只說覺性，現在卻說到法性，那麼二者又有何區別呢？

所謂覺性，即是覺的本質，當行者起本覺時，便是起了一個功能，覺知如來法身的境界。這境界有種種法異門：如來法身、如來藏（此二者都已包入五經題之內，見前言「圓覺經說甚麼」一文。）還有，不二法門、深般若波羅蜜多、真如、實際、真實等等。一切境界都為本覺所覺知。所以本覺的性便即是覺性，這個性亦是覺的本體、本質。

至於法性，便是說一切諸法的實性。所謂一切諸

法，包含種種不同時空中的世間一切法。說之為法，即指種種世間的種種分別、戲論，種種分別與戲論又根據種種名言句義而來，所以去除了分別戲論，名言句義而證悟的法性，便是諸法實性。此為一切諸法的總相，若依相來說，便名之為真如；依性來說，便依施設如來法身空而說之為空，是即所謂「本性自性空」；若依用而說，則可說為大悲、如來法身功德。因此法性便有種種不同建立的法異名，而且開展為種種不同建立的法異門。

淨諸業障菩薩的問題，是認為眾生因受污染而不起本覺，若能悟入法性，則當無迷悶而入本覺智境，是故問佛如何開悟法性，「作將來眼」（為將來眾生作正法眼）。

27、釋迦說開悟法性（一）

【經】 爾時，世尊告淨諸業障菩薩言：「善哉，善哉，善男子，汝等乃能為諸大眾及末世眾生，諮問如來如是方便。汝今諦聽，當為汝說。」時，淨諸業障菩薩奉教歡喜，及諸大眾默然而聽。

「善男子，一切眾生從無始來，妄想執有我、人、眾生及與壽命，認四顛倒為實我體，由此便生憎愛二境。於虛妄體重執虛妄，二妄相依生妄業道，有妄業故妄見流轉，厭流轉者妄見涅槃，由此不能入清淨覺。非覺違拒諸能入者，有諸能入，非覺入故。是故動念及與息念皆歸迷悶。何以故？由有無始本起無明為己主宰，一切眾生生無慧目，身心等性皆是無明，譬如有人不自斷命。是故當知，有愛我者我與隨順，非隨順者便生憎怨，為憎愛心養無明故，相續求道皆不成就。

「善男子，云何我相？謂諸眾生心所證者。善男子，譬如有人百骸調適，忽忘我身，四支絃緩，攝養乖方，微加鍼艾，則知有我。是故證取方現我體。善男子，其心乃至證於如來，畢竟了知清淨涅槃皆是我相。

「善男子，云何人相？謂諸眾生心悟證者。善男子，悟有我者，不復認我，所悟非我，悟亦如是。悟已超過一切證者，悉為人相。善男子，其心乃至圓悟涅槃俱是我者，心存少悟備殫證理，皆名人相。

「善男子，云何眾生相？謂諸眾生心自證悟所不及者。善男子，譬如有人作如是言：『我是眾生』。則知彼人說眾生者非我非彼。云何非我？我是眾生，則非是我。云何非彼？我是眾生，非彼我故。善男子，但諸眾生了證了悟皆為我、人，而我、人相所不及者，存有所了，名眾生相。

「善男子，云何壽命相？謂諸眾生心照清淨覺所了者，一切業智所不自見猶如命根。善男子，若心照見一切覺者皆為塵垢，覺所覺者不離塵故，如湯銷冰無別有冰，知冰銷者。存我、覺我亦復如是。

【釋】　釋迦答淨諸業障所問，分四段文字而答。

第一段，說眾生迷悟於四相。四相者，即我相、人相、眾生相、壽者相（經文作「壽命」）。

眾生無始以來即執此四相，即如前經文所說，「妄認四大為自身相，六塵緣影為自心相」。由是取五蘊妄相為我相；取生滅、輪迴為人相；取盛衰交替、哀樂相承、變異相續為眾生相；取命根不斷而住世為壽者相。此中壽者相已包括阿羅漢等行人，亦包括未究竟除我執的菩薩。

第二段，說迷悟於四相，即有種種迷悟。

所謂迷悟，即是顛倒。實相本有而不知，妄相本空而執實，所以說是顛倒，由顛倒即生種種次第迷悟。

1. 「生憎愛二境」。違我者憎，順我者愛。

2. 執虛妄體，即執妄我體，包括「人我」與「法我」。

3. 於種種妄我體上再起種種妄心，是為「二妄相依」。

4. 「二妄相依生妄業道」，即由二種妄執而作虛妄業。

5. 「有妄業故妄見流轉」，輪迴流轉本亦虛妄，卻因因作妄業而認之為實。於是即得惑、業、苦三種迷亂果。

6. 既執實虛妄流轉，於是便厭流轉，其實此厭亦是虛妄。

7. 由執實妄厭流轉，便妄見涅槃。於是行者妄執空寂，妄認涅槃為真實。

8. 有上來種種迷悟都不能入清淨覺，於是又認為修道便可以有覺入心，那即是認為修道可以代替從前的覺受新得一覺。這種行者，無論「動念及與息念，皆歸迷悶。」因為他的認識就是迷悟。

行者須知，不是有覺來入於人心，亦不是有覺令人心不能入，只是行者自己的心有「無始本起無明」，人受此無明主宰，便落於我執，既有我執，便一切都不能捨離，此如沒有人肯捨離生命。

無明相續，愛與憎便生起，憎愛心又長養無明，於是無明與憎愛輾轉相續增上，這便是人的根本迷悟，是即不能入道。

第三段，釋迦解釋四相。

釋迦說四相，實為行者而說，依四次第說行者的證悟，其初，所證悟為我相，證悟次第漸進，於是其證悟狀態便次第為人相、眾生相、壽者相。今亦依此而釋——

1. 說我相

人並不是常常覺得有我身，但當有事臨頭時，便自然會執着身體為我，經文舉例：如果身足不能屈伸，要施針灸，這時候便會生執我之心，這樣證取以身為我，實在是以根本無明為我，其證取非由覺性，實由無明。

同樣，以無明為證取，便可以執如來為我相，我成如來，涅槃亦可以執為我相，我在涅槃。

因此，說到執我，說到我相，必須知道這是無明的證取相，並不是一般人所認為的「我當然是我」，若不知無明為根本，便很難去除我相。譬如修空，即使自以為證空，他的我相實在並未除去。

2.　說人相

倘如除去我相，則易墮為人相，所謂人相，不是指他人之相，仍然是行者自己的相，但已不執我為自我。

不執為我相，可以說是證悟，是超越我相的證悟，然而這證悟便恰恰是人相，所以人相實在是一種證悟心。一如我相實為證悟心。即使存有少份證悟心，若能窮盡證悟理，都落為人相。

修菩薩道的行人，若有「我修甚麼法」的心，雖窮盡法理，亦必落入人相，所以才說要去除宗見而修。

3.　說眾生相

眾生相是甚麼？即是自證悟未能達到之處，所以經文解釋眾生相，說是：「謂諸眾生心自證悟所不及者。」

經文舉例，有眾生相的人，認為「我是眾生」，他認為眾生非我非彼。為甚麼非我？我是「眾生」，

所以不是我。為甚麼非彼？「我」是眾生，所以不是彼。

然而誰都知道，我便是眾生，彼亦是眾生，因此這證眾生相的行人，卻執着名言句義，認為眾生非我非彼，那便是於證悟時，被「眾生」這個名言所縛，由是才會認為自己脫離人相我相。

這裏以眾生相說名言概念縛，其實一切名言概念都實可於證悟時成縛，例如縛於「緣起」、縛於「唯識」、縛於「空性」，這些緣起相、唯識相、空性相，便都是眾生相。所以中觀應成派及大中觀都說不能立宗，凡立宗必落於宗見，成宗見相。

4. 說壽者相

小乘行人入涅槃即名壽者，其實菩薩乘行人若入菩薩乘涅槃，亦應名壽者。入壽者相的行人，便是指，住涅槃而不能出的行人。

為甚麼會住涅槃而不能出呢？依經文所說，即是「覺所了者，一切業智所不自見，猶如命根」。行者於未究竟涅槃時，未能以阿賴耶融入法性，只能以阿賴耶識融入阿賴耶，於是便生「一切業智」，這一切業智不能自照，於是行者便以住入阿賴耶為涅槃，這種證智狀態便是壽者相。稱為涅槃，只是因為已入寂滅。

所以經文說，執壽者相的行人，已能用心照見，前三類覺者所起的證悟實為塵垢，尚有能所，然而能

覺所覺不離塵垢。執壽者相的行人則可離塵垢，如
用熱湯澆冰，更無有冰，當前三類覺者的塵垢去除
時，執壽者相的行人，雖已離能所，可是卻執着於
覺心，猶如命根潛伏於身，彼覺心則潛伏於心，如
以熱湯澆冰者，雖已無冰，但卻執着於冰消。

如上已依修證次第釋四相畢，下來釋迦將正說開悟
法性，即是回答的第四段。

28、釋迦說開悟法性（二）

【經】　「善男子，末世眾生不了四相，雖經多劫勤苦修
道，但名有為，終不能成一切聖果，是故名為正法
末世。何以故？認一切我為涅槃故，有證有悟名成
就故。譬如有人以賊為子，其家財寶終不成就。何
以故？有我愛者亦愛涅槃，伏我愛根為涅槃相；有
憎我者亦憎生死，不知愛者真生死故，別憎生死，
名不解脫。

「云何當知法不解脫？善男子，彼末世眾生習菩提
者，以己微證為自清淨，猶未能盡我相根本。若復
有人讚歎彼法，即生歡喜便欲濟度；若復誹謗彼所
得者便生瞋恨。則知我相堅固執持，潛伏藏識，遊
戲諸根曾不間斷。善男子，彼修道者不除我相，是
故不能入清淨覺。善男子，若知我空，無毀我者，
有我說法，我未斷故，眾生、壽命亦復如是。

「善男子，末世眾生說病為法，是故名為可憐愍者，
雖勤精進增益諸病，是故不能入清淨覺。善男子，末
世眾生不了四相，以如來解及所行處為自修行終不成
就。或有眾生未得謂得、未證謂證，見勝進者心生
嫉妒。由彼眾生未斷我愛，是故不能入清淨覺。善
男子，末世眾生希望成道無令求悟，唯益多聞增長
我見。但當精勤降伏煩惱起大勇猛，未得令得、未
斷令斷，貪瞋愛慢，諂曲嫉妒對境不生，彼我恩愛
一切寂滅，佛說是人漸次成就。求善知識不墮邪
見，若於所求別生憎愛，則不能入清淨覺海。」

【釋】　說四相已，釋迦隨即開示，末法時即由不能了知四相而來，因為修行人不能成一切聖果，即使能得正法，既不得果，所以只能稱為正法末世。

為甚麼不能成一切聖果呢？因為修行人妄認四相之我相為涅槃相。下來即說我相不能解脫。

有我，即有我愛，亦愛涅槃，如是即以愛根為涅槃相。

有我，即有我憎，故憎生死，如是即執生死為真實，是即名不解脫。

四相之我，都有愛涅槃、憎生死的法執，因此須知「法不解脫」。釋迦說，末世眾生觀修菩提求成聖果，常常以自己的微細證悟為自清淨，於證，自計身心淨；於悟，自計我淨，前面已經說過，以所證所悟為我，於是一切業智猶如命根，由是我相的根本未盡。

怎樣能知我相的根本未盡呢？釋迦說，如果有人讚歎他修習的法，他便生歡喜；反之，如果有人誹謗他所修習的法，他便生憎恨，那便知道他是「我相堅固執持續」，這執持潛伏在阿賴耶識，從不間斷，這便是所謂法執了。

由於法執，便產生種種毛病。

首先是不能斷除我相，是故斤斤計較於毀譽，如是即四相俱全，於是便以「我」為法。說有自所證是「我相」；說有自所悟是「人相」；說有自所了是

「眾生相」；說有自所覺是「壽者相」。若依着此四相勤修，便有如自增病痛。他們或者以為自己是依着如來的解與行來修證，是即依佛所說之理而解，依佛行處之行而行，但因落於四相，那便只是依樣畫葫蘆，修行不得成就。

其次，由於法執，所以容易有增上慢。未得涅槃便謂已得；未證菩提便謂已證，於是起增上慢，常起嫉妒心，那就當然不能入清淨覺。

上來所說的毛病，如何對治呢？

釋迦說，末世眾生希望成道，不要希求證悟，也不須希求多聞，因為容易增長我慢。但精進於降伏煩惱，起大勇猛，未得清淨者令清淨，未得斷四相者令離四相。對境不生貪、瞋、愛、慢、諂、曲、嫉妒；對境寂滅彼、我、恩、愛。這樣來觀行便可以漸次成就。

同時，還要求善知識，幫助自己抉擇邪正，不落邪見。若對所求的善知識起憎、愛、取、捨之心，亦不能入清淨覺海，是即對善知識的尊重，只是尊重正見正法。

由上來釋迦說四相，其實已深入地說明「人我執」與「法我執」。此二執實在是末世眾生的通病，希望讀者能依佛說的四依，以持平心來讀本經，去除自己認為已得的我知、我見、我證、我悟、我了、我覺。如是所為，自然能入四依：依法不依人、依義不依語、依智不依識、依了義不依不了義。

【經】　　爾時，世尊欲重宣此義而說偈言：

淨業汝當知，　一切諸眾生，
皆由執我愛，　無始妄流轉，

未除四種相，　不得成菩提。
愛憎生於心，　諂曲存諸念，

是故多迷悶，　不能入覺城。
若能歸悟剎，　先去貪瞋癡，

法愛不存心，　漸次可成就。
我身本不有，　憎愛何由生？

此人求善友，　終不墮邪見。
所求別生心，　究竟非成就。

【釋】　頌文說須除「我」，除四種我。依經文可知，持我見者非獨凡夫，小乘修聲聞、緣覺，大乘修菩薩行，都容易落入自我。所修雖是正法，然而一落於我便成為「正法末世」。這正是今時通行的毛病。

由未除四相，於是必然「愛憎生於心，諂曲存諸念」，可是卻還自許為修行人，還覺得自己很理解正法。在於今時，只能述說自宗一些法語，便欣欣然引以為得，這種自得便一定落於四相我。因此，這段頌文實在給了我們很重要的教誡。

更者，若持我見而求法，一定不能究竟，須離憎愛之心，求法始能有益。

29、普覺問法行

【經】　於是普覺菩薩在大眾中即從座起，頂禮佛足右遶三
　　　匝，長跪叉手而白佛言：「大悲世尊，快說禪病。
　　　令諸大眾，得未曾有，心意蕩然獲大安隱。世尊，
　　　末世眾生去佛漸遠，賢聖隱伏，邪法增熾，使諸眾
　　　生求何等人、依何等法、行何等行、除去何病、云
　　　何發心，令彼群盲不墮邪見？」作是語已五體投
　　　地，如是三請終而復始。

【釋】　第十位問佛的菩薩是普覺，依問觀修道，則是第九位。

上來釋迦答淨諸業障菩薩問，即是指出觀修者的禪病，所證、所悟、所了、所覺皆是禪病，所以普覺菩薩才會說：「大悲世尊，快說禪病，令諸大眾，得未曾有，心意蕩然，獲大安隱。」於是普覺菩薩便問，於末法時，眾生若求圓覺，應求何等人、依何等法、依何等行、除去何病、云何發心？一共是五個問題，都屬於法行，此中亦有次第。

求法先須依善知識，所以便問應求何等人。

求善知識即求其法，所以便問應求何等法。

既知何等法，則須依法而行，所以便問應依何等行。

觀行的目的是除病，所以問除去何病。

凡法行必須發菩提心，所以問云何發心。

下來即說釋迦所說。

30、釋迦說法行

【經】　爾時，世尊告普覺菩薩言：「善哉，善哉，善男子，汝等乃能諮問如來如是修行，能施末世一切眾生無畏道眼，令彼眾生得成聖道。汝今諦聽，當為汝說。」時，普覺菩薩奉教歡喜，及諸大眾默然而聽。

「善男子，末世眾生將發大心求善知識欲修行者，當求一切正知見人。心不住相，不著聲聞緣覺境界，雖現塵勞心恆清淨，示有諸過，讚歎梵行，不令眾生入不律儀。求如是人，即得成就阿耨多羅三藐三菩提。末世眾生見如是人，應當供養不惜身命，彼善知識四威儀中常現清淨，乃至示現種種過患，心無憍慢，況復摶財、妻子、眷屬。若善男子於彼善友不起惡念，即能究竟成就正覺，心花發明，照十方刹。

「善男子，彼善知識所證妙法應離四病。云何四病？

「一者作病，若復有人作如是言：『我於本心作種種行欲求圓覺』。彼圓覺性非作得故，說名為病。

「二者任病，若復有人作如是言：『我等今者不斷生死、不求涅槃。涅槃生死無起滅念，任彼一切隨諸法性，欲求圓覺』。彼圓覺性非任有故，說名為病。

「三者止病，若復有人作如是言：『我今自心永息

諸念，得一切性，寂然平等欲求圓覺』。彼圓覺性非止合故，說名為病。

「四者滅病，若復有人作如是言：『我今永斷一切煩惱，身心畢竟空無所有，何況根塵虛妄境界，一切永寂欲求圓覺』。彼圓覺性非寂相故，說名為病。

「離四病者則知清淨，作是觀者名為正觀，若他觀者名為邪觀。

「善男子，末世眾生欲修行者，應當盡命供養善友、事善知識，彼善知識欲來親近，應斷憍慢。若復遠離應斷瞋恨，現逆順境猶如虛空，了知身心畢竟平等，與諸眾生同體無異，如是修行方入圓覺。

「善男子，末世眾生不得成道，由有無始自他憎愛一切種子，故未解脫。若復有人，觀彼怨家如己父母，心無有二，即除諸病；於諸法中自他憎愛亦復如是。善男子，末世眾生欲求圓覺應當發心作如是言：『盡於虛空一切眾生，我皆令入究竟圓覺，於圓覺中無取覺者，除彼、我、人一切諸相』。如是發心不墮邪見。」

【釋】　釋迦說法行答普覺菩薩五問，依次如下——

第一，應求何等人。

釋迦云：所謂善知識，即是「正知見人」；所謂「正知見人」，即是「心不住相」；「不着聲聞緣覺境界」；「雖現塵勞，心恆清淨」；「示有諸過，讚歎梵行」；「不令眾生入不律儀」，如是五相。

於觀修時，能依圓覺的因地來作抉擇與決定，即是正知見。圓覺的因地，已見文殊師利菩薩所問。

無相、無作。若心依於相，便有依相而起的作意，此如心依於空相，觀修時便有證空的作意，一落作意，便終生不能遣除，因為所證所悟，都必落於相，所了所覺亦落於相，如是即無圓覺可言。所以善知識必須心不住相。

二乘行人為空寂所困，這正是他們的壽者相，所以善知識不應着聲聞緣覺境界。

善知識亦現塵勞，亦即如常生活，是即禪宗所謂家常日用，然而，於塵勞中心恆清淨，不依世俗計較利害，亦不落於世俗的名言句義而生活，所以心恆清淨，是即不為世俗污染。

善知識亦現過失，此如維摩詰入淫舍，文殊師利入宮與宮女遊戲，以至禪宗四祖出關即入娼寮妓寨，然而所示，實為梵行。

善知識不令眾生入不律儀（違反律儀），即是雖示現過失，但由於讚歎梵行，所以即不入不律儀。

具足如是五者的善知識，可以即能成就阿耨多羅三藐三菩提（無上正等正覺、無上正圓正覺）。

第二，應求何等法。

善知識因心行清淨，所以雖示現種種過患，其實心無憍慢，亦不着意於資財、妻子、眷屬。所以應對善知識不起惡念而求法，這便是禪宗圭峰宗密大師所說的「但依法門，莫求其跡」。能如是求法，從其所教而修行，即能漸次究竟而成圓覺。在這裏，釋迦並沒有說修甚麼法門，只是行人應依善知識所教之法而修即可。

第三，應依何等行。

既得善知識與教法，即應依除病而行，下來即說除病。

第四，應除何等病。

釋迦說有四病，一者「作病」，若以自己的所行都是求圓覺之行，那便有作意，說為「作病」；二者「任病」，若以為不斷生死，不求涅槃，但隨諸法性而求圓覺，那便是落於「任」。任不是任運，任運，是適應所礙；任，則是自設障礙而任，落於名言概念而任，是為「任病」；三者「止病」，若行人以為寂息一切念頭，便可「得一切性寂然平等」，如是以求圓覺，是名「止病」；四者「滅病」，若以為永斷一切煩惱，即得畢竟空，以一切永寂而求圓覺，是名「滅病」。所以，離四病始能清淨，是為正觀，否則落病即成邪觀。

欲除四病，首先須尊重善知識，當親近時，不起憍慢，於遠離時，應斷瞋恨。其次，對順境逆境不着於心，復次，覺與眾生同體無異，然後始能除病。因為病的根源在於憎愛，心無有二，一切同體平等，即能除病。

第五，應如何發心。

釋迦說欲求圓覺，應如是發心：「末世眾生，欲求圓覺，應當發心作如是言：盡於虛空一切眾生，我皆令入究竟圓覺。」

發心者須知，雖願度一切眾生，但不作度人想，若以為有眾生可度、有法可度、我是度人者，那便落於四相，依此發心不得圓覺。

釋迦答普覺菩薩竟。

【經】　爾時，世尊欲重宣此義而說偈言：

> 普覺汝當知，末世諸眾生，
> 欲求善知識，應當求正覺，
>
> 心遠二乘者。法中除四病，
> 謂作止任滅；親近無憍慢，
>
> 遠離無瞋恨。見種種境界，
> 心當生希有，還如佛出世。
>
> 不犯非律儀，戒根永清淨，
> 度一切眾生，究竟入圓覺。
>
> 無彼我人相，常依止智慧，
> 便得超邪見，證覺般涅槃。

【釋】　此頌實與《三摩地王經》（《月燈三昧經》）相應。
　　　　欲求證圓覺，須依善知識，且不着跡而求；於觀修
　　　　則不落四病；於觀行時，常依度盡眾生發心。如是
　　　　三者，即能成就無上三摩地（三摩地王）。

31、問觀修道場及具體觀修

【經】　於是圓覺菩薩在大眾中即從座起，頂禮佛足右遶三
匝，長跪叉手而白佛言：「大悲世尊，為我等輩廣說
淨覺種種方便，令末世眾生有大增益。世尊，我等
今者已得開悟，若佛滅後，末世眾生未得悟者，云
何安居修此圓覺清淨境界？此圓覺中三種淨觀以何
為首？唯願大悲為諸大眾及末世眾生施大饒益。」
作是語已五體投地，如是三請終而復始。

【釋】　第十一位問佛的菩薩是圓覺，依問觀修道，則是第十位。

圓覺菩薩是最後一位問佛的菩薩，所以便問及如何安居來修圓覺清淨境界，這即是如何結道場而修，以及道場的規制。此外，圓覺菩薩又問及，圓覺三種淨觀中，到底以何為首，這便是很具體的發問，堪作後人的規模。

32、答道場與觀修

【經】 爾時，世尊告圓覺菩薩言：「善哉，善哉，善男子，汝等乃能問於如來如是方便，以大饒益施諸眾生。汝今諦聽，當為汝說。」時，圓覺菩薩奉教歡喜，及諸大眾默然而聽。

「善男子，一切眾生，若佛住世，若佛滅後、若法末時，有諸眾生具大乘性，信佛祕密大圓覺心，欲修行者，若在伽藍安處徒眾，有緣事故隨分思察，如我已說；若復無有他事因緣，即建道場當立期限，若立長期百二十日，中期百日，下期八十日，安置淨居。若佛現在，當正思惟；若佛滅後，施設形像，心存目想生正憶念，還同如來常住之日。懸諸幡花經三七日，稽首十方諸佛名字，求哀懺悔；遇善境界得心輕安。過三七日，一向攝念。

「若經夏首，三月安居，當為清淨菩薩止住，心離聲聞不假徒眾。至安居日即於佛前作如是言：『我比丘、比丘尼、優婆塞、優婆夷某甲，踞菩薩乘修寂滅行，同入清淨實相住持，以大圓覺為我伽藍。身心安居平等性智，涅槃自性，無繫屬故。今我敬請不依聲聞，當與十方如來及大菩薩三月安居，為修菩薩無上妙覺大因緣故不繫徒眾。』善男子，此名菩薩示現安居，過三期日隨往無礙。善男子，若彼末世修行眾生求菩薩道入三期者，非彼所聞一切境界終不可取。

【釋】　佛答第一問道場，說得很具體——

若佛滅後，於法末時，眾生若具大乘佛性，虔信秘密大圓覺心，則當於伽藍（僧伽藍摩，saṃghārāma）安處徒眾。伽藍中須四事具足，飲食、衣服、臥具、湯藥是為四事，在伽藍中，如佛前所說行觀修，若有事故，不能居伽藍共修，則可「隨分思察」，這即是可於伽藍外，隨其分量來作思察，這是對觀修行人的方便。

道場亦有期限，長期一百二十日，中期一百日，下期八十日，這即是每次結眾觀修的期限。因為安居即等於閉關，期限即等於關期。

若佛滅後，道場中亦可施設形象，心存目想，懷念世尊，如佛常住。

道場中懸挂幢旛，燒香散花誦經二十一日（三七日），且作懺悔，如是得心輕安。現在的道場則多作普賢七支供養：頂禮、供養、懺罪、隨喜、請轉法輪、請佛住世、回向。

如是作，則心輕安，經二十一日後，即一心攝念觀修。

依印度規距，若於夏日安居為期三個月，安居時心離聲聞，所以可不聚眾，因為若結徒眾，可能有聲聞加入。

凡安居日，須於佛前作如是言：「我比丘、比丘尼、優婆塞、優婆夷某甲，踞菩薩乘。修寂滅行，

同入清淨實相住持，以大圓覺為我伽藍。身心安居
平等性智，涅槃自性無繫屬故。今我敬請，不依聲
聞，當與十方如來及大菩薩三月安居，為修菩薩無
上妙覺大因緣故，不繫眾徒。」

如是即為菩薩安居，過安居期隨往無礙，這便等於
閉關的人出關。無論安居與否，若非所聞一切境
界，行者皆不得取，這便是告誡行人不可於觀修時
生起心魔。亦即不落四病（非所聞一切境界）。

如是答安居道場竟。

【經】　「善男子，若諸眾生修奢摩他，先取至靜不起思念，靜極便覺。如是初靜，從於一身至一世界，覺亦如是。善男子，若覺遍滿一世界者，一世界中有一眾生起一念者皆悉能知，百千世界亦復如是；非彼所聞一切境界終不可取。

　　「善男子，若諸眾生修三摩鉢提，先當憶想十方如來、十方世界一切菩薩，依種種門漸次修行勤苦三昧，廣發大願自熏成種；非彼所聞一切境界終不可取。

　　「善男子，若諸眾生修於禪那，先取數門，心中了知生住滅念，分齊頭數，如是周遍四威儀中，分別念數無不了知，漸次增進乃至得知百千世界一滴之雨，猶如目觀所受用物；非彼所聞一切境界終不可取。是名三觀初首方便。

　　「若諸眾生，遍修三種勤行精進，即名如來出現于世；若後末世鈍根眾生心欲求道，不得成就由昔業障，當勤懺悔常起希望，先斷憎、愛、嫉妒、諂曲，求勝上心，三種淨觀隨學一事，此觀不得復習彼觀，心不放捨，漸次求證。」

【釋】　佛答第二問，觀修方便以何為首。

　　佛說，三種觀修皆可為首。若行者以奢摩他靜觀方便為首，是為初靜。於初靜中，四大離散，六塵寂滅，由是無身心相，是為一身靜，於是起覺。由一身靜以至一世界靜，亦皆證入一覺。於覺遍滿一世界時，一世界中有一眾生起一念，皆能覺知，百千

萬億世界亦復如是。

若行者以觀修三摩缽提為首，是為幻觀方便，行人憶想十方如來，十方菩薩，依種種法門，漸次修行勤苦三昧，於三昧中起幻觀，於幻觀中作事業，利益眾生，是即所謂變化諸幻而成大悲。

若行者先安坐以觀修禪那為首，則先數息而令心靜，於是觀想心生、住、滅，且了知心生、心住、心滅的境界，如是即成寂觀。

及後，行者如是不須安坐，於行住坐臥中，即生起了知境界，由分別念數次第漸進，直至了知百千萬億世界，此等世界中一滴雨，都猶如眼前所見、所受用的事物。

如是即是「三觀初首方便」。

佛且說，「遍修三種，勤行精進，即名如來出現於世。」

若於鈍根眾生，觀修不得成就，那是因為夙生以來的業障作障礙，那便應當勤作懺悔，常生得證圓覺的希望，日常應斷憎愛、嫉妒、諂曲，以求上進。於三種靜觀，可隨學一種，若觀修不成，則改習別種，如是心不放捨，漸次求證。

上來所說，亦與《三摩地王經》所說相應。

答圓覺菩薩問竟。

【經】　爾時，世尊欲重宣此義而說偈言：

圓覺汝當知，一切諸眾生，
欲行無上道，先當結三期，

懺悔無始業。經於三七日，
然後正思惟，非彼所聞境，

畢竟不可取。奢摩他至靜，
三摩正憶持，禪那明數門，

是名三淨觀。若能勤修習，
是名佛出世。鈍根未成者，

常當勤心懺，無始一切罪，
諸障若銷滅，佛境便現前。

【釋】　頌文先說安居的三期，再說三淨觀，是即安居時之所觀修。鈍根即使安居亦未能成就，那便先須懺悔。是故筆者建議初學佛的人，先作感恩，再作懺悔，然後發願修道成就。現代人多無法安居，那便依經所言，不取一切非所聞境界，無論修法與日常生活，都能這樣，就必然能入圓覺法門。

33、流通分

【經】 於是賢善首菩薩在大眾中即從座起，頂禮佛足，右遶三匝，長跪叉手而白佛言：「大悲世尊，廣為我等及末世眾生，開悟如是不思議事。世尊，此大乘教名字何等，云何奉持，眾生修習得何功德，云何使我護持經人，流布此教至於何地？」作是語已五體投地，如是三請終而復始。

爾時，世尊告賢善首菩薩言：「善哉，善哉，善男子，汝等乃能為諸菩薩及末世眾生，問於如來如是經教功德名字。汝今諦聽，當為汝說。」時，賢善首菩薩奉教歡喜，及諸大眾默然而聽。

「善男子，是經百千萬億恆河沙諸佛所說，三世如來之所守護，十方菩薩之所歸依，十二部經清淨眼目，是經名大方廣圓覺陀羅尼、亦名修多羅了義、亦名祕密王三昧、亦名如來決定境界、亦名如來藏自性差別，汝當奉持。

「善男子，是經唯顯如來境界，唯佛如來能盡宣說。若諸菩薩及末世眾生依此修行，漸次增進至於佛地。善男子，是經名為頓教大乘，頓機眾生從此開悟，亦攝漸修一切群品。譬如大海不讓小流，乃至蚊虻及阿修羅飲其水者，皆得充滿。

「善男子，假使有人純以七寶積滿三千大千世界以用布施，不如有人聞此經名及一句義。善男子，假使有人教百千恆河沙眾生得阿羅漢果，不如有人宣

說此經分別半偈。善男子，若復有人聞此經名信心不惑，當知是人非於一佛二佛種諸福慧，如是乃至盡恆河沙一切佛所種諸善根聞此經教。汝善男子，當護末世是修行者，無令惡魔及諸外道惱其身心令生退屈。」

爾時，會中有火首金剛、摧碎金剛、尼藍婆金剛等八萬金剛并其眷屬即從座起，頂禮佛足而白佛言：「世尊，若後末世，一切眾生有能持此決定大乘，我當守護如護眼目；乃至道場所修行處，我等金剛自領徒眾晨夕守護，令不退轉。其家乃至永無災障，疫病銷滅，財寶豐足常不乏少。」

爾時，大梵天王、二十八天王并須彌山王、護國天王等即從座起，頂禮佛足，右繞三匝而白佛言：「世尊，我亦守護是持經者，常令安隱心不退轉。」

爾時，有大力鬼王名吉槃茶與十萬鬼王即從座起，頂禮佛足，右繞三匝而白佛言：「世尊，我亦守護是持經人，朝夕侍衛令不退屈，其人所居一由旬內，若有鬼神侵其境界，我當使其碎如微塵。」

佛說此經已，一切菩薩、天龍、鬼神八部眷屬及諸天王、梵王等一切大眾，聞佛所說，皆大歡喜，信受奉行。

【釋】　釋迦說法既畢，便到了經文的流通分。流通分由賢善首菩薩發問開始。菩薩先讚歎本經，開示信解、修證法門，令眾生開悟，如是不思議事。於是問佛——

　　1・此大乘教，名字何等？

　　2・云何奉持？

　　3・眾生修習得何功德？

　　4・云何使我護持經人？

　　5・流布此教，至於何地？

上來五問，便即是問流通。

釋迦答問前先讚歎本經，此經非為釋迦所說，實為「百千萬憶恆河沙諸佛所說」，是即一切佛所說法，等同本經所說法，所以得三世如來守護，十方菩薩皈依，為十二部經的清淨眼目（可由本經所說，來理解十二部經的言說）。

　　1・　答經名說有五名字：大方廣圓覺陀羅尼、修多羅了義、秘密王三昧、如來決定境界、如來藏自性差別。

　　　　說陀羅尼是說法門、說了義經是與不了義經作區別、說秘密王三昧是說觀修三昧、說如來決定境界是說圓覺所證的證界、說如來藏自性差別是說如來藏自性即是佛性，亦即如來法身。

2. 答奉持。先決定本經為頓教大乘經典，所以應為成就頓機眾生的法門，令彼由此開悟。若不能頓悟者，亦由漸修可以通達，是即亦能普攝眾生（一切群品），此如大海能滙眾流。

3. 校量功德。說有人聞此經名及一句義的功德，勝於七寶積滿三千大千世界的布施功德；說有人宣說此經半偈的功德，勝教百千恆河沙數眾生得阿羅漢果的功德；聞此經名信心不惑的人，非於一佛、二佛得福慧，乃至於盡恆河沙數一切佛所聞教得福慧，這便是積二種資糧。

4. 答護持。當護持末世觀修此經的行者，勿令惡魔外道惱其身心。於是有火首金剛發心護持，護持、修持此決定大乘的一切眾生，如護眼目。乃至護持其道場，護持其家，令「疾病消滅，財寶豐足，常不乏少。」於是天王、鬼王亦隨喜發誓守護。

5. 流散此教。經云：「佛說此經已，一切菩薩、天、龍、鬼、神、八部眷屬，及諸天王、梵王等一切大眾，聞佛所說，皆大歡喜，信受奉行。」此即本經的流通，於今本經流至人間，以觀修圓覺，現證圓覺所覺的如來法身境界，亦即如來藏境界，故希讀者珍重。

筆者略說此經畢，可以說一點感慨。漢傳佛教由漢代初始傳入，至魏晉六朝而漸成，那時傳入的佛教應當即是以如來藏為見、修、行、果，所以後來一直成為傳統，雖然多落於他空見，但這並不是缺點，因為不經他空的階段，則不能入究竟，所以他空並非錯見，充其量只能說其為未究竟。藏傳佛教始於漢土唐代，受漢土禪宗影響甚深，蓮花生及無垢友的教法，可以跟禪宗傳入的教法融和，因為彼此都以如來藏為修證果，所以如今研究漢藏佛教，必須由如來藏以作融滙。要現證如來藏，須知此即圓覺所覺的境界，至今末法時期，傳漢藏法門的人，已有不談圓覺，落於宗義的現象，或囿於唯識，或囿於緣起，或囿於相似般若，甚至囿於相似如來藏，他們引經據典而談，頭頭是道，若能細讀本經，體會如來教導觀修圓覺的法門，便當摒除一切宗義，依釋迦所教的次第與要義來觀修，那或者便可以挽回末法時期的頹勢，是所厚望。筆者見修皆無功德，若以筆者所說為不然，則當由體會筆者的用心來觀察。吉祥

本篇原為網上發表的文章，今集合成冊，並詳加補充而成書，目的是想推重本經。本經原來傳播甚廣，現世由於有人說本經為偽，於是講讀本經的人似乎已漸少，實質本經所說，不但影響漢土的禪宗、華嚴宗，甚至影響到淨土宗、律宗、天台宗與密宗，亦是西藏密宗許多宗派的根本經典，如今依近代日本學者的質疑，即將本經說之為偽，那便跟否定《楞嚴》一樣，對密法損害甚深。希望本冊能

令讀者得起正信。

經言：「汝善男子，當護末世是修行者，無令惡魔及諸外道惱其身心令生退屈。」這是釋尊的鄭重囑咐，希望讀者亦以此為鄭重。

丁酉年臘八釋迦成道日，無畏金剛談錫永造經釋竟，若有微末功德，願回向世間得佛加庇，諸事吉祥。

附錄

答問《圓覺》《楞嚴》真偽

　　許杭莊居士來函密乘佛學會網站，問及一個有趣的問題。他問日本曹洞宗道元禪師，跟他的老師如淨禪師談及《楞嚴》與《圓覺》是否偽經，認為二經皆偽。《楞嚴》甚至含有印度的外道六師義理。他們兩位都是高僧，修證亦合禪宗的修證，為甚麼竟然會否定這兩本經呢？

　　在答問前，先說些題外話。關於《楞嚴經》，由於有呂澂居士的《楞嚴百偽》一書，弄到許多人都對《楞嚴經》起懷疑，甚至許多僧尼廢止楞嚴咒，儼然偽經之說已成定論，筆者則一直堅持此為真經，現在應該可以證明筆者對了。因為近年有一位日本學者，發現了梵文《楞嚴經》的貝葉斷片，既有梵經發現，那就證明此經並非作假。這位日本學者目前正作整理及研究，準備利用這些梵文貝葉斷片，整理出一本新譯本，目前尚未發表任何文字。他的助手是一位中國留學生，跟筆者的弟子楊杰博士是至交，所以透露了一些消息給他，為了守秘，具體情形則完全不肯透露。期以數年，應該會見到他們的研究著作。《楞嚴》既能肯定為真，那麼，如淨跟道元說其為偽，且認為有外道思想，那便顯然只是一己的知見，並不能因為他們的議論，就將這本寶貴的佛典否定。釋迦在《法滅盡經》中早已預言，佛法滅盡，《楞嚴》先滅，如淨與道元的觀點，恰恰便是佛法滅盡的濫觴。

　　關於如淨的見修，資料不多，但關於道元的見修，則資料相當豐富，因為他是一位著作等身的禪師，其作品豐富程

度，在禪門中可以說為僅有。他的主要思想，是由佛性問題引發，在他的時代，正是日本天台宗廣泛弘揚的時代，日本天台宗完全跟漢土天台宗不同，他們的最澄大師，吸收了漢土禪宗、密宗、律宗的教義，創立了自己的學說，提出「本覺」作為主體，並且決定：一切眾生本來具足「法性自性身」，此即「本覺佛性」，因此學佛的人不須苦苦修行。道元很懷疑這個觀點，曾多方修學以求認知，但都無定論。由此他便想往漢地得到啟示。

道元於南宋寧宗嘉定十六年（西元1223年）來到漢土，於多方參學後，悟到漢土禪宗家常日用，生活即禪的意趣，同時知道禪宗不立文字的宗見。但他對佛性與觀修的疑問，卻依然未能解決。及至兩年之後，他向天童如淨禪師求法，如淨向他開示，不須燒香、禮拜、念佛、修懺、看經，只管打座，因為參禪只是「自他身心脫落」（行者自己身心脫落來見自己本來面目，亦由萬法身心脫落來見萬法本來面目）。道元因此悟得：串習佛道即是串習自己（串習，道元說為慣習）；串習自己即坐忘自己；坐忘自己便是見證萬法；見證萬法即是身心脫落，自身心脫落、他身心脫落。

順便說一句，筆者由弟子于鴻坤處得知，他的師祖王薌齋先生創立「大成拳」，拳理便亦是身心脫落，住入中神，無敵無我。足見王老先生實在是由禪法悟出拳道。所以可以說，道家太極、佛家大成。

道元當然會向如淨問及佛性。道元提出下列的問題：正覺是否即是自知，若有自知，是否即是如來？一切眾生是否「無始本有」的如來？是否知「自覺性智」即是如來？這三個問題都等於問，一切眾生既有佛性，是否還須由觀修才能

得到正覺、得到覺智？

　　如淨答得非常乾脆：如果說一切眾生本來是佛，那便是自然外道。因為這是將「我」與「我所」看成是佛，這是未得謂得，未證謂證。

　　如淨所答，並非否定本覺，他只是說，如果以眾生本來是「佛」為藉口不作修證，那便是自然外道，將自己的識境看成是佛的智境（將眾生的「自性」視為梵性）。那即是說，雖然眾生都具有如來法身（佛性、如來藏、法性自性身），但必須觀修，令自他身心脫落，才能現證正覺、才能現證佛性（正覺的境界）。

　　他們對《楞嚴經》不滿意，是因為楞嚴強調六根圓融，他們不以六根圓融為自他身心脫落，充其量得到「自」而不能及於「他」，那麼便還有自他的相對，那便即是有我與我所，所以是自然外道。

　　對《圓覺經》，釋尊在經中說三種觀行方便，由三方便建立二十五種觀行，雖然不能說為我與我所，但仍然未能到自他身心脫落的境界，因為行者還有追求的目的，是故他們便懷疑此是偽經。

　　他們對兩經的認知，可以由道元所說的見地來理解，道元全部佛學思想，主要建立在《涅槃經》的一句話：「一切眾生悉有佛性，如來常住無有變異」。這句話的當然即是「所有眾生都有佛性」的意思，而且說這佛性常住，不受心識的影響而變異，可是到了道元手裏，他卻認為「一切眾生悉有佛性」，應該解讀為：「一切」、「眾生」、「悉有」、「佛性」，四個都是名詞。這樣解讀，便可以說為：「眾

生」即是「悉有」，「悉有」即是「佛性」，至於「一切」便不能說是「佛性」。道元這樣來解釋，他可能認為即是「不落言說」。

這樣一來，於「正當恁麼時」（行者現證佛性時），本來只是「悉有」一份的「眾生」（因為「悉有」即是萬法，所以「眾生」便是萬法的一份），證入了那個「悉有」（因為自他身心脫落，所以眾生可以融為悉有），於悉有時，便現證悉有為佛性。由此可知，所謂自他身心脫落，便是去除了那個「一切」，亦即去除了虛妄分別。

全部理論重心在「悉有」，這很對，因為修證如來法身功德，重點即為「周遍」，周遍法界中一切時空世間，說之為「悉有」亦無不可，可是道元的修證卻出了一點問題。

他提出修與證合一，修即是證，證即是修，這個觀點不特別，因為這即是「果地修」。果地修與因地修相對，因地修是由成佛的因開始修，修至成佛，果地修則是依成佛的果來起修，修至得佛果。道元的果地修便等於畫一個圓圈，起筆那一點與終結的一點重合。不過，依筆者理解，釋迦所說的修證，雖然也是果地修，但卻不是畫一個圓，而是走螺旋梯，看來似乎是走圓圈，實際上是一個圓圈一個圓圈往上走。《理趣般若》是這樣、《圓覺經》是這樣、《楞嚴經》也同樣是這樣，甚至在《維摩經》中，諸菩薩說不二，依其所說次第，亦等於是一個圈一個圈地愈走愈高，至維摩無說而說時，便到了螺旋梯的頂層。

將走螺旋梯當成是走圓圈，雖依然是果地修，但卻只得一個層次（自他身心脫落），這雖然是一個高的層次，但卻忽略了低層次的走圓圈。釋迦在《圓覺經》中說三種觀行方

便，都由圓覺果地起修，第一個圈走「止」的境界，有所緣境，行者即止於所緣境中，在這境界，其實已經得自身心脫落（證圓覺的基礎）。第二個圈走「等至」的境界，觀察一切法如幻，任一切法如幻生起，這亦是身心脫落，不過是他身心脫落（證圓覺的決定見）。第三個圈走「禪那」的境界，是將上來兩個境界雙運，這時若依如淨法師的說法，因為禪那的境界，不偏落於止，亦不偏落於等至，是故可說為自他身心脫落。但他們卻只見到走三個圓圈，便將他看成是須要脫落的「一切」，而不知於禪那時，已由雙運而得到「悉有」。

問者許先生認為「道元吻合上推唐古禪宗修證，也就是其修證無誤」，可能許先生是將走一個圓圈便當成是爬螺旋梯的一圈，因為都是圈，步法也相同，所以便認定其修證無誤，因為二者圓相相同，這可以向禪宗大德請教，筆者不相信漢土的禪宗大德（更不相信古德）會同意道元禪師的修證理論。禪宗走螺旋梯是傳統，所以才說要破三關，破一個關便是走一段螺旋梯，三段走完才能破最後的牢關，此時同樣也可以說是自他身心脫落。所以筆者並不認為高高地走一個圓圈便三關齊破。如淨禪師的觀點相信亦不是這樣，他只強調坐禪，否定不坐禪而自恃眾生都有佛性，未說不須要走螺旋梯。

對許先生的問題，筆者略答如上，請許先生循着筆者所說的脈絡來思維研究。筆者年事已高，對否定《圓覺》、《楞嚴》的說法不想作過多的討論，因為精神所限，只能說，否定的人是以他們的理解來否定，所以錯的是他們的理解，並不是佛經本身。

主編者簡介

談錫永，廣東南海人，1935年生。童年隨長輩習東密，十二歲入道家西派之門，旋即對佛典產生濃厚興趣，至二十八歲時學習藏傳密宗，於三十八歲時，得甯瑪派金剛阿闍梨位。1986年由香港移居夏威夷，1993年移居加拿大。

早期佛學著述，收錄於張曼濤編《現代佛教學術叢刊》，通俗佛學著述結集為《談錫永作品集》。主編《佛家經論導讀叢書》，並負責《金剛經》、《四法寶鬘》、《楞伽經》及《密續部總建立廣釋》之導讀。其後又主編《甯瑪派叢書》及《大中觀系列》。

所譯經論，有《入楞伽經》、《四法寶鬘》（龍青巴著）、《密續部總建立廣釋》（克主傑著）、《大圓滿心性休息》及《大圓滿心性休息三住三善導引菩提妙道》（龍青巴著）、《寶性論》（彌勒著，無著釋）、《辨法法性論》（彌勒造、世親釋）、《六中有自解脫導引》（事業洲巖傳）、《決定寶燈》（不敗尊者造）、《吉祥金剛薩埵意成就》（伏藏主洲巖傳）等，且據敦珠法王傳授註疏《大圓滿禪定休息》，著作等身。其所說之如來藏思想，為前人所未明說，故受國際學者重視。

近年發起組織「北美漢藏佛學研究協會」，得二十餘位國際知名佛學家加入。2007年與「中國人民大學國學院」及「中國藏學研究中心」合辦「漢藏佛學研究中心」主講佛學課程，並應浙江大學、中山大學、南京大學之請，講如來藏思想。

導論者簡介

邵頌雄，廣祖籍廣東番禺，出生於香港，1990 年移居加拿大，並隨談錫永上師學習佛家經論、修持及佛典翻譯。多倫多大學（University of Toronto）宗教研究中心（Centre for the Study of Religion）博士，曾任教於多倫多大學東亞研究系（Department of East Asian Studies）及宗教研究系（Department of Religious Studies）、及威爾弗瑞德・勞瑞爾大學（Wilfrid Laurier University）宗教研究系。現為多倫多大學士嘉堡校區（University of Toronto Scarborough）助理教授。

離・言・叢・書・系・列

《解深密經密意》
談錫永/著 NT$390元

密義的意思就是語言之外所含之意，沒有明白地講出來，
他雖然用語言來表達，但讀者卻須理解言外之意。
本經既稱為「解深密」，也就是說，根據本經之所說，就
能得到佛言說以外的密意。

《無邊莊嚴會密意》
談錫永/著 NT$190元

《大寶積經・無邊莊嚴會》是說陀羅尼門的經典，可
以將其視為釋迦演密法，故亦可以視其為密續。
全經主要是說三陀羅尼門——無上陀羅尼、出離陀羅
尼、清淨陀羅尼，依次攝境、行、果三者。

《如來藏經密意》
談錫永/著 NT$300元

《如來藏經》說眾生皆有如來藏，常住不變，然後用九
種喻說如來藏為煩惱所纏，是故眾生不自知有如來藏。
這是如來藏的根本思想。由此可將一切眾生心性的清淨
分說為如來藏，雜染分說為阿賴耶識。

《勝鬘師子吼經密意》
談錫永/著 NT$340元

本經對如來藏的演述，是由真實功德來建立如來藏，因
此便很適應觀修行人的觀修次第。
欲入一乘，欲觀修如來藏，須先由認識如來真實功德入
手，這是觀修的關鍵。勝鬘說三種人可以領受如來藏，
便即是依其是否能領受如來真實功德而說。

《文殊師利二經密意》

談錫永/著 NT$420元

文殊師利菩薩不二法門有眾多經典，現在先選出兩本
詮釋其密意。所選兩經為《文殊師利說般若會》及《
文殊師利說不思議佛境界經》。選這兩本經的原故，
是由於兩經所說彼此可以融匯。

《龍樹二論密意》

談錫永/著 NT$260元

本書特選出龍樹論師《六正理聚》中《六十如理論》
及《七十空性論》兩篇，加以疏釋，用以表達龍樹說
「緣起」、說「性空」、說「真實義」、說「法智」，
以至說「無生」的密意。

《菩提心釋密意》

談錫永/疏·邵頌雄/譯 NT$230元

本論專說菩提心，立論點即在於如何次第現證勝義菩提
心以及建立世俗菩提心。於前者，及涉及觀修次第，而
不僅是對勝義作理論或概念的增上。

《大乘密嚴經密意》

談錫永/著 NT$360元

《大乘密嚴經》的主旨其實很簡單：阿賴耶識即是
密嚴剎土。所謂密嚴剎土，即是如來法身上有識境
隨緣自顯現，將法身與識境連同來說，便可以說為
密嚴剎土。這時，自顯現的識境便是法身上的種種
莊嚴。

《龍樹讚歌集密意》

談錫永/主編・邵頌雄/著譯　NT$490元

本書說龍樹讚歌，亦總說龍樹教法之密義。龍樹的「讚歌集」，於印藏兩地的中觀宗都深受重視，並視之為了義言教，唯此等讚歌，大都從未傳入漢土。本書將其中八種，譯為漢文，並據此演揚龍樹教法密義。

《大圓滿直指教授密意》

談錫永/譯疏　NT$300元

本書收入蓮花生大士《大圓滿直指教授》說及觀修的密意，為此叢書補充唯說見地的不足，亦收入談錫永上師《心經頌釋》，補足蓮師一篇所未說的前行法，兩篇由談上師闡其密義。

《智光莊嚴經密意》

談錫永/註疏・邵頌雄/導讀　NT$420元

《智光莊嚴經》說說不生不滅、隨緣自顯現、大平等性，是次第說覺知一切諸佛境界的基礎。圓融此三境界，即知諸佛境界唯一，由此即能說取證菩提。本經之重要，在於它正面解說諸佛境界，同時說出入這境界的觀修法門，如是顯示如來藏的基道果。

《圓覺經密意》

談錫永/主編・邵頌雄/導讀　NT$280元

《圓覺經》中實在已有了義大中觀的基、道、果密意，首先推廣者是身兼禪宗與華嚴宗祖師的圭峰宗密，影響深遠，本經的地位，在漢土便高如須彌山。然整本經是回答十一位菩薩之所問，所答甚為深密，若不知其密意，便會認為本經與其他經典所說不同，由是疑為偽經。

全佛文化藝術經典系列

大寶伏藏【灌頂法像全集】

蓮師親傳 • 法藏瑰寶，世界文化寶藏 • 首度發行！
德格印經院珍藏經版 • 限量典藏！

本套《大寶伏藏—灌頂法像全集》經由德格印經院的正式授權
全球首度公開發行。而《大寶伏藏—灌頂法像全集》之圖版，
取自德格印經院珍藏的木雕版所印製。此刻版是由西藏知名的
奇畫師—通拉澤旺大師所指導繪製的，不但雕工精緻細膩，法
像莊嚴有力，更包含伏藏教法本自具有的傳承深意。

◆◆◆

《大寶伏藏—灌頂法像全集》共計一百冊，採用高級義大利進
美術紙印製，手工經摺本、精緻裝幀，全套內含：
• 三千多幅灌頂法照圖像內容 ● 各部灌頂系列法照中文譯名
附贈 • 精緻手工打造之典藏匣函。
• 編碼的「典藏證書」一份與精裝「別冊」一本。
（別冊內容：介紹大寶伏藏的歷史源流、德格印經院歷史、
《大寶伏藏—灌頂法像全集》簡介及其目錄。）

離言叢書12

《圓覺經密意》

主　　編　談錫永
導　　讀　邵頌雄
美術編輯　李　琨
封面設計　張育甄
封面攝影　黃瑋瑜
出　　版　全佛文化事業有限公司
　　　　　訂購專線：(02)2913-2199
　　　　　傳真專線：(02)2913-3693
　　　　　發行專線：(02)2219-0898
　　　　　匯款帳號：3199717004240 合作金庫銀行大坪林分行
　　　　　戶　　名：全佛文化事業有限公司
　　　　　E-mail：buddhall@ms7.hinet.net
　　　　　http://www.buddhall.com
門　　市　新北市新店區民權路108-3號10樓
　　　　　門市專線：(02)2219-8189
行銷代理　紅螞蟻圖書有限公司
　　　　　台北市內湖區舊宗路二段121巷19號（紅螞蟻資訊大樓）
　　　　　電話：(02)2795-3656
　　　　　傳真：(02)2795-4100

初　　版　2020年03月
定　　價　新台幣280元
I S B N　978-986-98930-0-8（平裝）
版權所有‧請勿翻印

國家圖書館出版品預行編目資料

圓覺經密意 / 談錫永主編、邵頌雄導讀
-- 初版.--新北市：全佛文化, 2020.03
面；　公分. -(離言叢書；12)

ISBN 978-986-98930-0-8(平裝)

1.經集部
221.782　　　　　　　109003194

Buddhall

BuddhAll

All is Buddha.

BuddhAll.

BuddhAll